72歳ひとり暮らし、「年金月5万」が教えてくれたお金との向き合いかた40

紫苑

JN074050

デザイン　マルサンカク

わずかなお金に向き合ったら
「老後の不安」が
「最高の今」に変わった

〈もくじ〉

序章

第1章 ― お金
散財という贅沢より節約という知財に

第2章 ― 衣
おしゃれは年の功で楽しむ

第3章—食
月1万円で心も身体も満たされる

第4章 住
おんな一人で一軒家を買う

第5章 ― 身体
健康はお金の不安を吹き飛ばす最強の節約

第6章 「節約」以前 フリーランス×シングルマザーという不安の掛け算

序章

お金がないのは不幸じゃない。お金がないと楽しめないことが不幸だった

はじめまして、紫苑《しおん》と申します。

3年前より「プチプラ快適な日々を工夫」(https://blog.goo.ne.jp/sionnann)というブログを書き始めました。もともと節約が好きだったのではなく、節約しなければいけない状況になったためです。というのも、私が65歳より受給し始めた国民年金は月5万円。シングルマザーとしてフリーランスで仕事をしてきた上、年金が義務ではない時期(年金義務化は1991年以降)には加入していなかったため支給されるのはわずかな金額です。これまでの貯金は65歳のときに購入した築40年の中古住宅の支払いでほとんど残っていなかったので、この5万円で衣食、光熱費な

どをまかなう羽目になったわけです。この少ない金額でと考えると、

「これだけでやっていけるのか」

「やっていくしかないなあ」

と弱気な気持ちと仕方がないという諦めの間を行ったり来たり。そんななかでやむを得ず始めた節約生活です。

そもそも節約術に詳しいどころか、お金には疎く、怖いから余計なことは知りたくない。知りたくないから考えない、という悪循環のなかでなんとか生きてきました。昔から、人生の資金計画や生活設計を考えるのが苦手で、お金ときちんと向き合うことが怖く、先の不安は見ないようにして自分をごまかしてきたのです。

正直に言うと最初は「年金月5万円」という金額に関しても無頓着、無関心でした。それまで何度も年金受給票をもらっているので、たしかに目にはしているはずですが、目に留まることもなく頭のなかから通り過ぎていました。年金をそれまで働いてきた「価値の対価」として捉えていたため、金額の低さを自分自身の価値の

低さと感じ、受け入れたくなかったのだと思います。そう、私はいくら歳を重ねても、見たくない現実は見ない、見たいものだけを見る、食べたいものだけを食べる、という子どものままだったようです。

そのようにして日々を過ごすうち決定的な出来事が起きました。

新型コロナがまん延し始め、外出もままならない状態になったことは皆さまも記憶に新しいと思います。年齢的なこともあったのか、細々ですが続いていた仕事がぐっと減ってしまいました。少ない

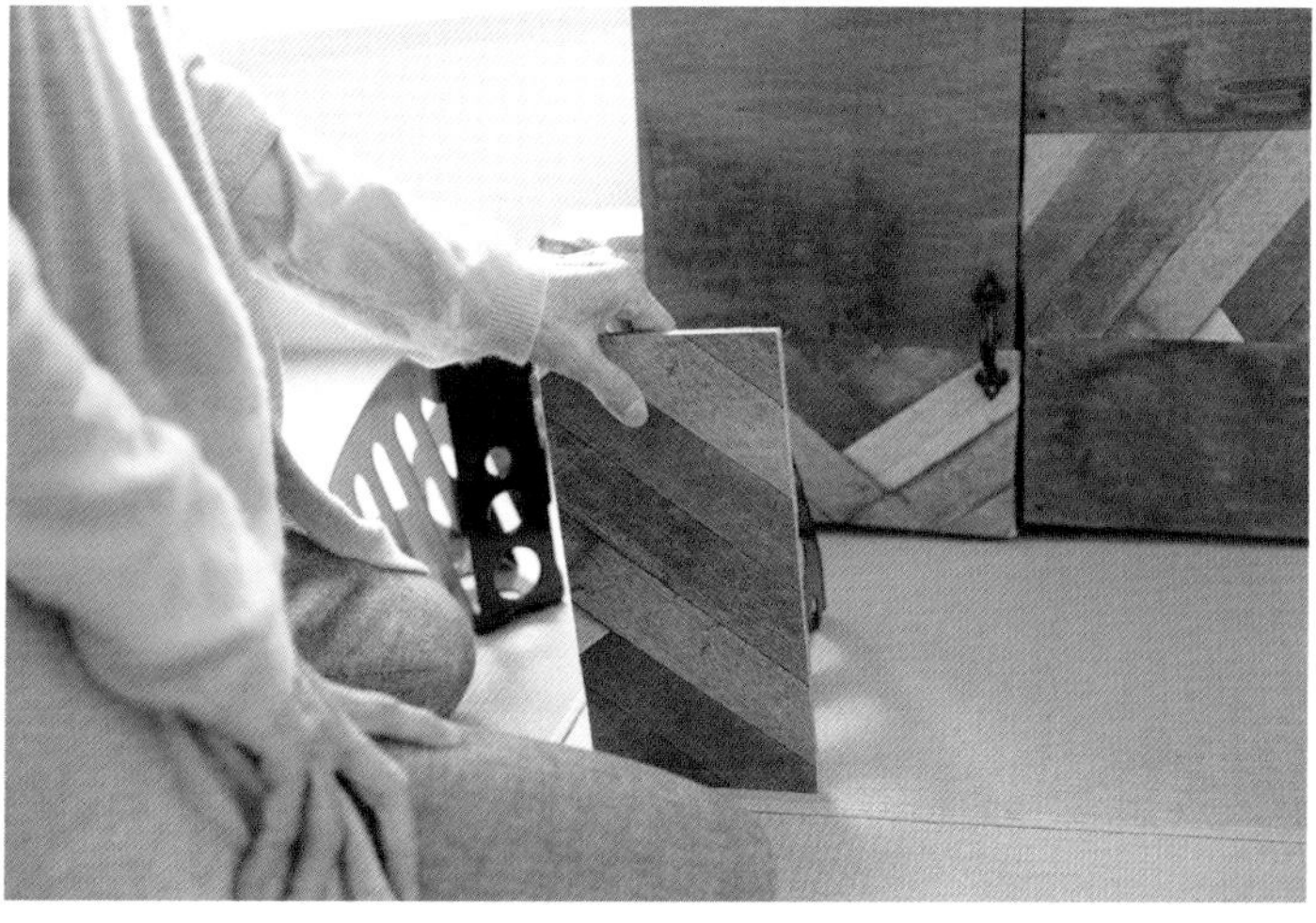

百円均一で購入した木材で作ったパッチワーク扉

とはいえ仕事があったことは、経済面だけではなく心理面でも支えであり、「おひとり老後」の安心材料であっただけに、このダメージは大きいものでした。「年金月5万円」という現実をとうとう無視できなくなったのです。

――そうか、私は毎月、この金額で一人で生活しなくてはいけないのか。いや、せめて10万円は必要だ。でも年金以外の5万をこれまでの貯金で補っても続かない。では8万円ではどうだろう。コロナ禍が終わった後、パートに出るとして、雇ってもらえるのか。雇ってもらえなかったら、本当にどうすればいいのか。

頭のなかは焦りと不安でいっぱいです。そんな眠れない夜が続いたあるとき、こんな考えが私の脳裏に浮かびました。

「どんなに少なくても5万円は入ってくる」

そんな声が響いたのです。当然ですが、私はフリーランスなので、仕事をしない限りお金は入ってきません。しかし、年金は少なくとも毎月入ってきます。

「たった5万円じゃない。何もしなくてももらえるありがたき5万円なんだ」

そう考えると一気に目の前が明るく開けました。パートで5万円稼ぐには時給1000円として50時間必要です。1週間12時間、1日4時間働いて3日かかります。残りの4日は自由だとしても、慣れない仕事での疲れとストレスで、パートの次の日は何もできない可能性もあります。それを考えれば、「何もしないで5万円」はむしろありがたい。そんな逆転の発想のなかに漂っていたのは「5万円でできるかも」というほんのりとした希望の香りでした。

ありがたき5万円と「老後の現実」に向き合う

そこでまず最初に考えたのが、「お金がなくて困ること」のリストアップです。ぱっと浮かんだのが次の3つ。

【お金がなくて困ること】
① 人や家族に対し恥ずかしい。見栄。体面。面子。
② 欲しいものが買えない。
③ 病気になったら困る。

次に一つ一つをじっくり検討してみました。

① 人や家族に対し恥ずかしい。見栄。体面。面子。
――コロナ禍で外出する機会が減ったため、見栄を張る場所が少なくなった。年金と貯金の少なさは、過去の無知の応報と考え、甘んじて受け入れよう。また世間に対する負い目も感じるが、その世間とはあまりに漠然とした概念でしかない。そんな「漠然」に見栄を張っても意味はない！

② 欲しいものが買えない。

――「欲しいもの」が買えないことはやはり寂しい。そこで考えました。欲しいと買ったものを思い浮かべると、それらに胸弾むのは買ったその瞬間だけ。後は魔法が解けたようにトキメキも減っていく。そんな家にあふれている輝きをなくしたものたちに、今度は自分で魔法をかけてみればいいじゃないか！

③ 病気になったら困る。

――お金があっても、なくても病気になるときはなる。お金にかかわらず身体を壊したら人生が変わってしまう。できるだけ健康でいるため、身体に良い食習慣に変えよう！

こうして脳内の検討会議を終えたら、次には何をどう削るか、の具体的な節約の方法を考えます。

――ガス、電気代や税金をこれ以上減らすのは難しい。通信費は固定で8千円あまりだけど、プランや契約会社を変更すると5千円くらいにはできる。でも違約金を取られるし、新規契約には工事費がかかる。

このように、生活における要不要、取捨選択をする日々が始まりました。ティッシュなど日用品が5千円として、残るは1万5千円。よし、まずは食費を1万円にして生活してみよう！

こんな風に始めた69歳からの節約生活は、欲しいもののためにお金を貯める節約でも、将来の出費のための備えでもない。「自分らしい最期を迎えるためにどう生活していけばいいのか」という考えに通じるものでした。

節約は心地良く生きるための知的活動

現在、72歳となり節約生活は3年目です。今でこそ「楽しい月5万円生活」などと言っていますが、もちろん最初からうまくいったわけではありません。

お菓子などを食べすぎてはお腹を壊し、予算は超過。エアコンを節約し、冬は寒さに凍え、夏は熱中症にかかるなど、節約と健康の両立はなかなか難しいものです。ティッシュは多く使わない、化粧品は少しずつ使って長持ちさせる、など小さな節約はむしろゲーム感覚で楽しめましたが、一度欲しいものを見つけると、頭のなかは物欲でいっぱい。ネットを見るからいけないんだ、と「断ネット」したこともありました。

しかし生活の基盤である「食費月1万円」の生活が軌道に乗り始めると、次は衣、住と、お金を使わずにどれだけ豊かな生活を送れるか、に目が向いていきました。

子どもが着なくなった服をリメイクしてワンピースを作ったり、百円均一で買った木材を戸棚に貼ってインテリアに風合いを足したり。「あ、この布切れ、白シャツの襟にあしらったらおしゃれになるかも？」というようなちょっとした工夫やアイデアが浮かんだ瞬間の快感は、それ自体が歓びになります。そんな「お金をかけずにどう心地良く生活できるか」というお題に楽しんで応えていくうちに、いつしかお金への不安はなくなっていったのです。

節約を始めて、出費以外でも私の生活は大きく変わりました。「健康的な食生活をするようになった」「しっかり掃除するようになった」など小さな変化が現れました。毎日の暮らしを「自分の心地良さ」に合わせ、調整することで、気持ちも晴れやかになったのです。そして、そのような変化の積み重ねは、自分をとりまく環境をも変えていきました。

もっとも大きな変化は「自分の内面が変わった」ことです。私は思い込みが強く、偏屈なところがあり、家族との小競り合いはしょっちゅうです。そんな私の変化に

棚の上はカゴバッグをディスプレイ

「ようやく地に足がついたね（笑）」と子どもたちはホッとし、喧嘩することもなくなりました。そしてその変化に一番驚いているのは私自身です。

常に不安にさらされていた過去。お金があってもなくても、お金に左右される人生に心からの安心はありませんでした。私が怖がっていたのでは、お金のあるなしではなく、「お金の正体」を知らない恐ろしさでした。お金という敵（？）の情報、知識を得て、恐れるほどのものではないと知ったとき、お金に向きあう怖さは、楽しさに変っていたのです。

必要な栄養素が入ったワンプレートランチ

この本はお金に無知で、逃げていた私の過去・現在の棚卸しになった一冊です。子ども二人を抱え、仕事を失い、途方に暮れ未来を悲観したこともありましたが、どうにかやってこれた理由を、私とお金の関係を軸に筆を進めていきました。

専門家が書くお金の本は私には立派すぎて、手が伸びません。普通の女性たちの小さなお金の話のほうが切実に胸に響いてきました。普通の女性たちが、やりくりしながら、暮らしを紡いでいく。そこには元気や希望や楽しさがあり、私自身、たくさんの元気をもらいました。

この本は、書くのをためらったほど、私自身の失敗や恥がいっぱいです。同時にその失敗を乗りきった工夫や楽しく生きるための知恵もいっぱい入れたつもりです。これまで私が元気をもらった多くの本の仲間入りができるといいなと思っています。

2023年6月　紫苑

お金 ー 第1章

散財という贅沢より
節約という知財に

	節約前 →	2016年 →	2023年5月
食費	25000円	25000円	8867円
水道・光熱費	15000円	15000円	7870円
通信費	10000円	10000円	8510円
特別な出費（保険、NHK受信料など）	30000円	30000円	10000円
交通費	10000円	10000円	3000円
医療・健康維持費	10000円	0円	800円
美容・ファッション費	20000円	0円	0円
生命保険	20000円	5000円	0円
娯楽・教養・外食費・書籍代	30000円	30000円	3000円
日用品・DIY費	5000円	5000円	3000円
家賃	130000円	0円	0円
合計	305000円	130000円	45047円

My values 01

打たれても
自分なりの方法で
打ち返せばいい

2階の仕事部屋にて。ブログもこの部屋で更新

「月5万円で、こんな生活ができるんですね。歳を取ることが怖くなくなります」

「食費1万円でも、豪華ですね」

「たくさんの工夫があり、すごく参考になります」

ブログにはこんな嬉しいコメントも多くいただきます。そのたびにどれほど嬉しいことか！　見ず知らずの人が私の生活に興味を持ってくれ、応援してくれる。読者の方からのコメントは確実に私の力となってくれました。


しかしブログには肯定的なコメントとともに多くの「質問」がきます。

「食費1万円というけど、紫苑さんは痩せているからそれでもいいとして、体重○キロの私にはとても足りません」

「本当に食費が1万円かどうかは分からない」

「ブログでは家の値段を書いていませんが、3千万円もの家を買えるなんて」

どこから流れたのか、家の間違った情報を突きつけてくる方もいます。一番こたえたのはこんな家に関することです。

「税金総額1万円となっていますが、固定資産税は払っていますか」
「不動産は子ども名義で買ったとのことですが、相続税を払っていないのですか」
いえいえ、払っています。税金払わないと大変なことになります（汗）。

しかし、コメントで指摘されたように、これまで不動産を買ったことがないので、恥ずかしながら「家を買ったら固定資産税がかかる」ことを自分に降りかかる問題として考えたことはありませんでした。家を購入したときも、数字とお金に弱い私はすべて息子に丸投げ。息子は数字に強く、面倒な手続きをすべてしてくれたため、ブログに公表した後に、税金やお金に関して、あまりにも知らないことを思い知らされたのです。

そこから猛烈に学び始めた、と言えればいいのですが、それにはまだ時間がかかりました。それでも少しずつ、これまで考えもしなかったこと、不得意なことに興味や関心を持つようになったことはたしかです。

思いがけないコメントに向き合うことは、その分野の学びにもなり、励みになります。なによりこれらのコメントは私を打たれ強くしてくれました。「多少打たれても、自分なりの方法で打ち返せばいい」という対処法ができるようになったことは一番の成長です。

お金との付き合い方も同じ。どんな厳しい状況になったとしても、自分が学ぶべきタイミングだと思い、自分なりの対処方法を考えればいいと分かりました。どんな球でも打ち返すことはできる！　そんな前向きさも節約が教えてくれたのです。

どんな質問でもまっすぐに答えればいいだけ

My values 02

「買えない」から「買わない」という マインドセット

縦置きだった棚を横に置いて。引き出しは籠《かご》の入れ物や別の棚の引き出しなどを利用

私は10年以上前から着物ブログをやっていました。ブログは、自分のやりたいことや思いをアップするのに、とてもいいツールです。着物がまったく着られなかった私が、さっと着られるようになったのは、着物好きの人たちのブログのお陰です。ブログを始めたのは、着物仲間が欲しかったからです。着物に目覚めたものの、周りには着ている人はいません。他の人の着物の合わせ方も見たかったし、知り合いができると着物の話で盛り上がれるかも！　という気持ちがありました。ネットが不得意の私でもすぐにアップでき、着物の知識がなくとも、少なくともだれかには見てもらえる。これは大きな喜びでした

始めた頃は友人一人。少し時間が経っても、アクセス3か4という状態でしたが、それでも4人の人に見てもらえるのは大きな収穫です。リアルでは着物友だちもいないので、4人、5人と少しずつ増えていくのは嬉しく、ブログを続ける励みになりました。

その着物ブログも、5、6年続け、一とおり着付けができるようになると更新が滞り、しばらく放置していました。しかし2020年、新型コロナをきっかけに5

万円年金と向き合うことになった私は、新たな試みとして、その5万円の生活をアップすることにしました。

私は一つのことにハマるとそれに夢中になる傾向があります。着物関係の本に代わって、手にするのは、これまであまり興味のなかった料理本。美味しそうだなと思うレシピの材料を安い食材に変え、載っている手順よりも簡単にできる方法を試す日々の始まりです。その試行錯誤もブログにアップしたりと、着物の代わりに節約が新しい娯楽となったのです。

ブログで節約生活を公開したところで、年金の金額は変わりません。高いもの、ほとんどのものは買えない。この「買えない」は心にわだかまりを作り、余計に「欲しい」を刺激します。人は天邪鬼《あまのじゃく》なところがあり、「買えない」となると「買いたい、欲しい」という気持ちが強くなるようです。買えない自分はかわいそうと惨めさにつながっていくこともあります。

そこで私は「買えない」を「買わない」にマインドチャンジしたのです。「買えない」の「え」を「わ」に変えることにより、お金がないから「買えない」ではなく、自分の意志で「買わない」、と気持ちを切り変えました。すると不思議なことに、欲求不満や惨めさより、自分の気持ちを自分でコントロールしているとの充足感に満たされていったのです。

自分の考え方一つで、同じ生活が楽しくも辛くもなる。言葉を変えることによって、考え方も自然と変わるのだと実感しました。以前は「本当に5万円で暮らしているんですか？」と聞かれると恥ずかしい気持ちもあったのですが、最近は「そんなに生活にお金はかかりませんよね？」と返すようになりました。「買わない」と決めることで、「生きるのにそれほどお金はかからない」と考えられるようになったのです。

自分の行動を自分でコントロールする満足感を持つ

My values 03

節約生活は不安を安心に我慢を楽しみに変えてくれた

余った布をつなぎ合わせて作ったパッチワークのカーテン

「節約生活」と聞くと、少し不自由で暗い老後をイメージしますか？　私自身、ネガティブなイメージを持っていました。年金受給金額が具体的な数字となり、節約の必要性を否応なく突き付けられたときも、「これは一時的なことだから」と自分に言い聞かせる毎日でした。今考えると「自分は中流。貧困ではない」という思い込みを抱いていたせいです。

しかし、毎月の収支をきちんと直視し、現状を受け入れ、節約を実践したことで私自身が大きく変わったのです。

前著、『71歳、年金5万円、あるもので工夫する楽しい節約生活』（大和書房）でも紹介しましたが、節約してすぐ5つのメリットに気づきました。

①　安く美味しく身体にいい食生活で若返った

旬の野菜や安い鶏むね肉、いわし、さばなどを毎日食しているうち、持病も治り、体調がすっかり良くなりました。

②　お金への不安がなくなった

月5万円内で暮らしているので、貯金を崩すことはなくなり、キャッシュフローが明確化し、安心して暮らせるようになりました。

③　お金の遣いどころがはっきりしてきた

メリハリのある遣い方ができるようになりました。日々の生活では食材以外ほぼものは買いませんが、ときには美味しいものや趣味嗜好、リフォームといった分野にもお金を遣い、楽しめるようになりました。

④　節約は無理したり、我慢しなくても楽しんでできると分かった

美味しい食事と工夫に富んだリフォームなど、自分が心弾むことから始めたので、お金を遣わなくても楽しい生活ができると分かり、節約に付きものの無理や我慢から解放されました。節約すること自体を楽しめばいいと気づいたので、無理なくお金が残ります。

⑤　将来と死への不安がなくなった

これまでいつも不安が道連れでした。そのためどんな風に最期を迎えるのかという心配が常に頭の片隅にありました。その不安をごまかすために高価なものを買ったり、余計なものを買ったりもしていました。「買う」という行為にはどこか不安が隠れているのかもしれません。その不安がなくなり、あまり先のことを考えずに、今の自分の足元に集中できるようになりました。

その後もメリットは増えるばかりです！　節約は辛いものでも惨めなものでもなく、「生活を心地良く生きるための活動」として実践していくことで、毎日の喜びに気づくようになります。

節約生活がもたらしてくれた恩恵は、この5つに収まりません。節約メリットは日々更新されます。お金の考え方を変えれば、不安がなくなり、未来が楽しみになる。そんな「お金が教えてくれた生活のヒント」を積み重ねることで、「今がいちばん」と思えるようになったのです。

お金への考え方を変えるだけで不安は遠のく

My values 04

ちょっとした一歩が
これまで知らない
自分に会わせてくれる

40代の頃にハマった着物も今は「あるもの」で楽しむ

私は人の前に立つことは苦手です。人見知りといってもいいかもしれません。仕事でも、初対面の人と会う前は緊張します。会った後も、ああすればよかった、ああ言えばよかったと一人くよくよと思い出し、食事の用意をしながら「ああ、嫌だ！」と大きな声を出し、「びっくりするじゃない」と子どもたちを驚かすこともよくありました。仕事では人に会うのは仕方ないとして、私生活では一人でいるほうが気楽な性質《たち》です。

以前着物ブログで「ホテルでお食事会」を企画したことがあります。私のブログを見てくれている方々が集まって食事をするというイベントです。着物友だちがいっせいに集まることはそんなにないので、とても楽しい集まりでした。自分の企画なのに、そのときも最初の挨拶は、他の方にお願いしました。15人くらいの方が集まってくれましたが、「ありがとうございます」のご挨拶もできなかったわけです。

その私が、書籍を出してからは、取材はともかく、講演会に挑むなど、人前に出ること、話すことが増えました。ラジオ、生放送と、まあよくできたものです。

講演会の際には、

「お母さん、大丈夫？　5分くらい話したら、もう話すことなくなって、おろおろするかもね」

と、子どもたちも心配してくれました。

「いや、ほんと、なんで引き受けたんだろう」

私自身、直前になって後悔しました。

持ち時間は2時間弱。話が1時間半で質問がおよそ30分。素人には長すぎる時間です。しかし最初こそもたもたしていましたが、話し始めると、どんどん言葉が出てきます。これには自分でも驚きました。下手なジョークまで飛び出して、これまで知らなかった自分の一面を見たのです。

思うに私はこれまで、自分の言葉や自分の考えを持っていなかったのでしょう。もっと言うと、人に伝えたいことがなかった。

ところが、ブログ「プチプラ快適な日々を工夫」では、日々「今日は何を作ろうか」「百均グッズで、見栄えのいいDIYはできないものか」「箪笥《たんす》の奥にある古い洋服をなんとか活かせないものか」と考え、工夫が溜《た》まっていくに比例して「伝えたいこと」がどんどん増えていきました。伝えたいことが増えると、言葉も増え、どんな話し方だと伝わるのか、というところまで考えが及びます。72歳になっても、これまで苦手だと思っていたことに挑戦し、新しい扉を開くことができるのです。「70の手習い」ではありませんが、年齢と逆行して、気持ちはどんどん若くなっていっている気がします。

学びの扉の向こうにはこれまでにない私がいた

My values 05

人は何歳になっても変われる。70代からのイメージチェンジ

月に20冊は本を読む。何歳になってもインプットがあれば成長できる

書籍発売とともに取材されることが増え、ライターさんや編集者からの質問に答えるうちに、「そうか、私はこんなことを考えていたのか」との気づきもあり、多くの刺激を受けました。でき上がった雑誌の記事を読み返すことで、自分では気づかなかった一面を発見することが増えていきました。

気づいたことをあげれば——

・自分では「頑張っているつもり」だったお金の使い方は「やり繰り下手」の範《はん》疇《ちゅう》に入るらしい。
・「お金に関する知識はゼロに等しい」らしい。つまりバカ、よく言うと天然。どこか抜けている、らしい。
・必要に迫られてやっていた服のリメイクは「おしゃれに見える」らしい。

質問、取材はカウンセラーの一種と言われることがありますが、たしかにそういった面があるようです。

別の角度から自分を見ることは、知らない自分に出会うことでした。

特に「世間の考えに惑わされず、自分軸を持っている」との、ブログの読者からの言葉にはびっくりすると同時にとても嬉しいものでした。「自分軸」とは、自分の考えをしっかり持つために必要な心の芯です。この言葉は「みんなと同じなら安心」と過ごしてきた私に、また違う道を教えてくれました。

ある読者からは、「私はこれまで、自分にはないものを持っている人を羨み、羨望や嫉妬に苦しんできました。ところが紫苑さんのあるもので工夫するとの言葉を知り、そうか自分のなかにあるものを工夫すればいいのだと気づき、とても楽になりました」というコメントをいただきました。私自身「あるものを使う」とは「モノ」に限ったことだと思っていたので少し戸惑《とまど》いました。「外」ばかりを見て嫉妬や羨望といった「余計な感情」に振り回されてきたのは同じです。ところがこの方は、「あるもの」を「モノ」だけではない深さで読み取ってくれました。とすると、過去の失敗も挫折も、すべて「自分のなかにあるもの」。それを今の生活に活かす。するとどんな失敗、経験も宝物に変わります。

読者からのコメントは、「私以上の私」を見出してくれたのです。これらの言葉はことあるごとに脳裏に浮かび、何かを選択する際の指針になってくれました。

他人の視線を取り入れることで、自分の枠を広げる

「節約上手はもう一人の自分」人生に彩りが増す新しい視点

帽子はすぐに被《かぶ》れるよう、玄関にかけておく

性格の変化は、ブログでのハンドルネームも影響しているようです。

「紫苑」という名前は着物ブログのときから使っていますが、着物ブログでは「花」の名前を付ける人が当時は多く、私も適当に付けました。最初は「撫子《なでしこ》」、それから「紫苑」。当時はなんでも良かったわけです。本名とは違う名前を付けることで、リアルとは別の次元で楽しむことができ、思い切ったコスプレ風の着付けもできる、ということがあります。雑誌やテレビに出ている自分も、その延長として素の自分とは違う「節約上手な紫苑」として、距離をおいて眺めることができました。

今でも、書籍や雑誌に載っている自分は、別の自分という感覚は拭い切れません。アンチコメントを「そうだよね、この人（紫苑）、お金のこと知らなすぎるよな」と他人事のように受け止められるのは、素の自分との距離を感じるせいです。

それでも、「紫苑」はリアルな自分のなかにも少しずつ入ってきているようです。子どもたちと一緒にいるときには当然リアルな自分ですが、かつてのようにべったりではなく、少し距離を置けるようになったり、「お金のこと、もう少し勉強しないとね」と反省できるのは、もう一人の私「紫苑」のお陰かもしれません。もともとマイナス志向でしたが、「もう一人の自分」の視点を変えることでプラスに捉えることができるようになったのです。

たとえば、素の私は人と一緒にいるより、一人のほうが好きなタイプです。でも「紫苑」のところには、嬉しいことにさまざまな話が舞い込みます。「京都プロジェクト」「プチ移住」「わが家もDYIハウスです。ぜひ遊びに来て」などなど少ない年金で楽しんでいる方々からのご報告やお誘いです。そんな人たちと会うのも「紫苑」としてなら平気です。むしろ積極的に行動しています。なぜなら「少ない収入、年金にめげることなく楽しんでいる人のこと」を多くの人に知ってほしいからです。そんな風にして「紫苑」の世界はどんどん広がっています。

節約がまさか性格まで変えてくれるとは！　まさに想定外でした。

最近はブログをアップする人も格段に増えています。そこではブログネームを使う人がほとんどです。ブログの自分とリアルな自分は少し違いますよね。良く見せるにしろ、自虐的に悪い面を見せるにしろ、リアルな自分との距離を楽しむ人も多いと思います。それでも、ブログをアップするうちに、少しでも前向きになったり、実生活とは違う楽しみを見つけられるかもしれません。

SNSの功罪が問われる昨今ですが、シニア世代もそのメリットの部分を活かして、日々に彩りを添えたり、ネットの先の世界に刺激を受けることで、成長できたりもします。ひとり暮らしには不安や悩みが付きもの。だから、ネットと上手に付き合い、「もう一人の自分」とともに毎日を楽しく過ごしたいなと思います。

ブログの自分とリアルの自分。いくつもの顔を楽しむ

My values 07

自分らしい節約で変化した子どもとの関係

息子のお下がりのベッドは寝心地もいい

子どもたちとの関係も、節約生活を境に少しずつ変化してきました。少し距離を置けるようになったおかげで、前ほど諍《いさか》いや、喧嘩がなくなり、今、家族関係が一番いいときかもしれません。

子どものことは第6章で詳しく述べますが、正直言って私はダメ親でした。節約上手と聞くと、「家事を賢く丁寧にやっている母親」という印象を持つかと思いますが、以前の私はまったく逆でした。過去のことを話すと、ライターや編集者に「紫苑さん、それは子どもの言うことが正しいです」「子どもが真っ当です」と何度も諭《さと》されたほど（汗）。いい親だったとは口が裂けても言えません。

今は離れて暮らしているので、直接の喧嘩はないのですが、節約生活の前には、久々に会うときでさえ帰りには喧嘩……ということが多々ありました。私が「もう、どんなに頼まれても来ないわ」と言えば、「もう頼まないから」と娘。売り言葉に買い言葉で喧嘩別れしたものの、寂しさ、悲しさで胸が締め付けられることもありました。

家族との喧嘩や不満は積もり積もって、いつかは爆発……。あるいは小さな後悔として残り、後で自分を責めることにもなります。離れて暮らしていると、小さな喧嘩でもすぐに修復できず、わだかまりを残し、余計に心配させることもあるでしょう。

「万が一のことがあったら（少ない年金で）どうするの？」

親が少ない年金で暮らしているという現実は、子どもにとっての心配であり、いつかは負担に感じるときがくるでしょう。子どもたちは、結婚式も自分たちのお金だけで挙げ、お金に関して心配させたことはあっても、心配させられたことはありません。それだけに自分の病気などで、経済的に心配をさせたくないのです。節約生活は、それまでの野放図なお金の遣い方から、「地に足のついた生活」への転換でした。

そんな私の変化に一番安心したのが子どもたちです。子どもたちとの間ではお金の話はお互いにご法度、という雰囲気が漂っていました。お金の話から連想させる嫌な思いが出てきて、死んだ後どうするのか、といういつかくる将来の話も、子どもたちは聞きたくなかったようです。

ところが、今はそんな話もニュートラルに話せるようになりました。これは、子どもたちにとって、私の生活や健康が「心配の種」にはならなくなったという証しのように思えます。

また子ども以外の人間関係も変わりました。人と付き合うにあたり、どんなに親しいとは言っても「見栄」や「いいところを見せたい」気持ちはなくなりません。見栄や体面のない生活とは、言うは易《やす》く行うは難しですが、これらをできるだけなくすよう心がけると、相手も構える必要がないのか、これまではとても踏み込めなかった親身な話も自然とできるようになります。相談したり、安心したり、励ましたり。そんな「本音」で話せる人だけが周りに残ったような気がします。そのせいで、人間関係もグッと楽になりました。

地に足のついた生活は子どもや友人関係を楽にする

My values 08

「分相応」より「福分」。背伸びせずに「福」を迎える

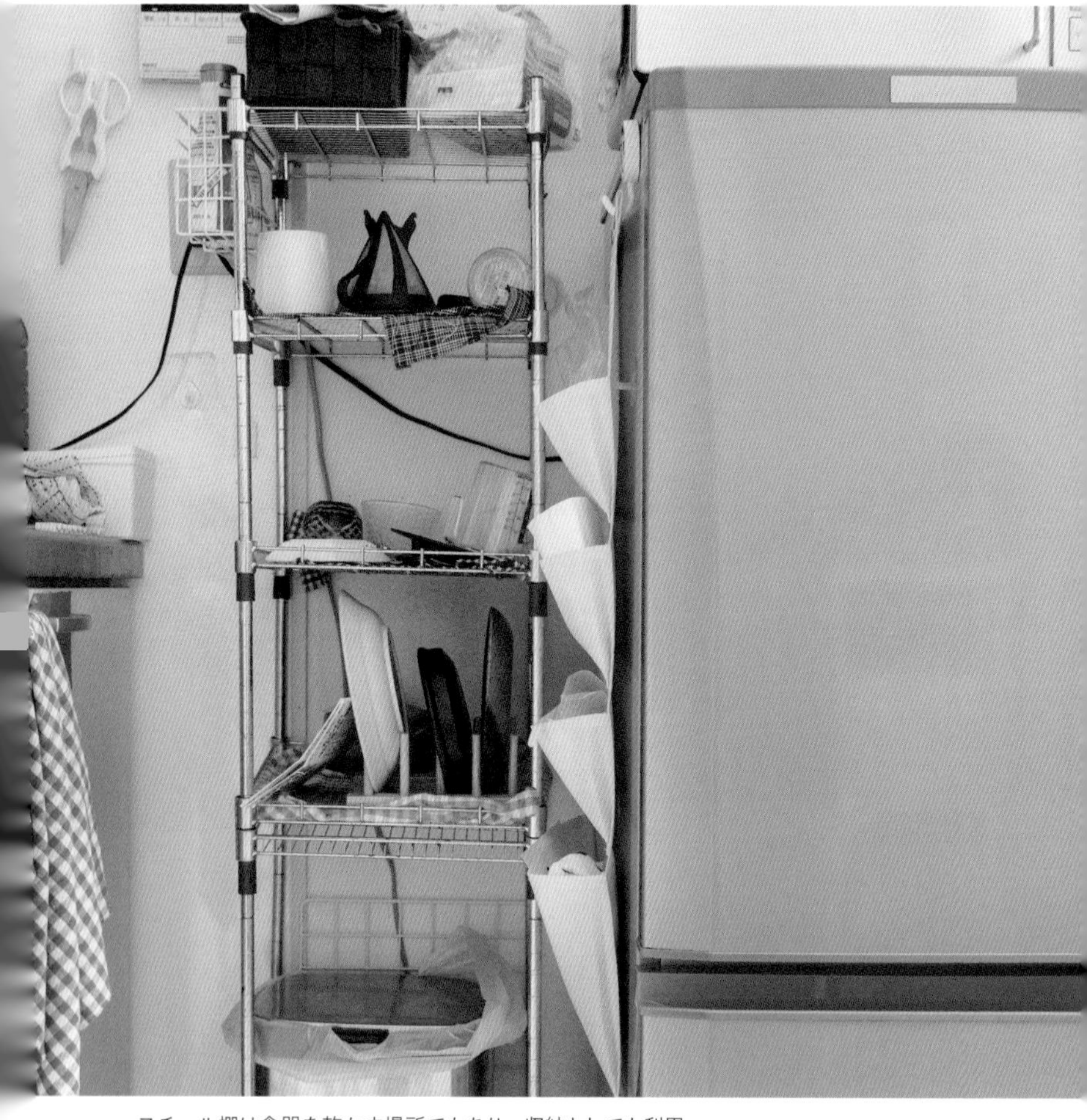

スチール棚は食器を乾かす場所でもあり、収納としても利用

子どもとの関係が良い方向に変わると同時に、「自分らしい節約」とはどんなものなのか、とより深く考えるようになりました。

お金はなくても残りの時間を慎ましく過ごす「清貧」という暮らしもあります。憧れはしますが、自分とはあまりに遠い生活です。お金はないなりに、美味しいものは食べたいし、おしゃれもしたい。毎日の生活も楽しみたい。あくまで「貪欲」な私はそう考えます。

自分に相応しいという意味では、「分相応」という言葉があります。その人の地位や能力にふさわしい、という意味ですが、これって少し寂しいような気がします。それは私の「分」＝収入があまりに低いせいかもしれません。

そんなときに、幸田文《こうだあや》の言葉を思い出しました。幸田文は、明治に活躍した文豪幸田露伴《こうだろはん》の娘で、その文章は多くの人の心を捉えました。彼女は、「分相応」という言葉を「福分」と言っています。

昭和の名俳優として知られる沢村貞子《さわむらさだこ》との着物対談では、

「私（沢村）、高いものは着ないんです。なんとか安くあげようと苦心するんです」

という沢村の言葉に、

「いいものが分からないわけではないのね。いいものを身に着けようとは思わない。それがあなたの福分なのね」（『幸田文対話』岩波現代文庫）

と返しています。

初めて耳にする言葉でしたが、いい言葉だなと感じました。「福分」とは仏教の言葉で、「仏教、善行、修行の結果が現世で利益の形になったもの」だそうです。または単に「よき運、よき天運」ともあります。私は、それを「値段も種類も着方も自分に合っていることが一番その人を幸せにする」と解釈しました。「修行・善行」と言うにはおこがましいけれど、それを「工夫」「始末＝ものを使い切る」と言い換えてしまいましょうか。「工夫、始末の結果が現世で利益の形になった」と。

着るものだけではなく、それは衣食住全般、また人付き合いにも同じことが言えます。自分の「福分」を超えた人とはもう無理に付き合わない。それがその人を幸せにするのだと思います。若いときには、無理も背伸びも成長の過程ですから、ある程度は必要なことだと思います。でも、それが自分を悲しい気持ちにさせる、自分を惨めに感じさせるものなら「福分」に戻る。そのような心がけでいると、心も楽に生きれるような気がします。

残り少ない時間ですから、もう背伸びも無理もしないで、のびのびと暮らしたい。そう思ったとき、おのずと無理な人付き合いも遠のきました。節約生活をするまで、すっかり忘れていた「福分」という言葉。それを実行したとき、「今が一番幸せ」であると感じたわけが分かりました。そして、それは私にさまざまな「よき運、よき天運」をもたらしてくれたのです。

自分の「分」に合ったものや人こそが幸せをもたらす

Column

紫苑の節約ことば◁1▷

小さな節約は、大きな安心

節約には小さな節約と大きな節約があります。小さな節約とは洗剤の量を減らす、ティッシュの代わりにトイレットペーパーを使うなどのささやかな行い。一方大きな節約とは保険を見直す、思い切ってソーラーパネルにするというまとまったお金をカットする方法です。

私の場合は、かなり生活費をカットする必要があったので、当初は保険などの大きな金額をカットすることから始めました。一方で、もう一つの「小さな節約」は億劫《おっくう》に感じていました。その理由は、ティッシュを一枚、二枚使うのを減らしても、節約できるお金はたかが知れていると思っていたからです。

それでも便利と感じたことは実行していました。たとえば、食器洗い用のスポンジを三つにカットし、掌《てのひら》に収まるほどにして使う。掌に収まるので食器が洗いやすい上に、頻繁に捨てることで清潔さを保てるとの二つの理由からです。洗濯時にも洗剤をあまり使わないのは、衣類に残る洗剤で肌が痒《かゆ》くなることに気づいたから。若いときほど衣類は汚れないので、少量洗剤で十分、もちろん洗剤の費用も安上がりです。

こうした小さな節約は、あまり細かくやると息が詰まりますが、もう一つ合理的な理由があれば、同じ行為でも意味を持つ、意味を付けることで納得でき、続けることができます。

一見無意味に思える節約は続けるうちに習慣になっていき、いつしか生活全般に及んでいきます。そして突飛な消費のブレーキにもなってくれます。日々、細かい節約を続けているのに、そんなお金が一挙になくなることに抵抗が出てくるせいです。そうなると、小さな節約体質のでき上がりです。

些細《ささい》な節約でも、お金や生活を自分がコントロールしているとの意識を持てるので、自分に自信が付き、安心につながります。

小さな節約、大きな安心。小さな節約も大事にしましょう。

衣 ― 第2章

おしゃれは年の功で楽しむ

2023年4月

食費	10121円
水道・光熱費	11306円
通信費	8510円
特別な出費（保険、NHK受信料など）	10000円
交通費	2000円
医療・健康維持費	670円
書籍代	2000円
日用品・娯楽・DIY費	2000円
合計	46607円

My values 09

お金を使ったきれいさより「使わない」を味方にして。きれいの基準は自分で決める

娘のお下がりのチュールスカートも楽しんで。おしゃれ心は永遠に

シニアだってきれいでいたい。ところが現実はシミ、シワ、たるみと、いわゆるきれいとはだんだん遠くなっていく。きれいはあまりに遠くなりにけり。

でもそれって、本当でしょうか。

私が若い頃には、いや今はもっと「きれいでいるのはお金がかかる」と言われています。日々の化粧品に、エステ、ヘアサロン、巷《ちまた》に美容グッズはあふれています。そしてアンチエイジングという言葉も生まれ、人々は若さに大きな価値を置いています。

きれいや美しさにお金がかかるなら、お金のない人はそれを諦めなくてはならない。「美貌格差」との言葉も生まれそうです。

「でも……」とお金のない私は考えます。「きれい」の基準はだれが決めるのでしょうかと。きれい＝若さと捉えると、若さを遠くに置いてきたシニアは、美しさからも遠くなります。今はシニアの時代といわれ、SNSからも多くのシニアが出てきて活躍しています。彼女たちは特に若さにこだわっている風でもなく、むしろシミ、シワがあっても堂々としています。皆さま活力にあふれている。コメントでも「可愛い！」との言葉が躍っています。

「可愛いおばあさんになりたい」は、いずれ歳を取る女性の憧れ？　私自身は「おばあさん」という言葉にはいまだに抵抗があるのですが、それはさておき、シミもシワも、たるみさえ「可愛い」の要素の一つかもしれません。

若さを保つために、多大なお金を使い、シミ、シワを伸ばして不自然になるよりは、シミ、シワを人生の勲章と捉えたいな、と思います。そう、「きれい」の基準を、自分で勝手に変えればいいんです。

「きれい」を若い頃と比べてしまうと、肌、勢いには適《かな》うはずもありません。でも、今の自分を、シミ、シワも含めて、丸ごと自分と捉える。比較はせず、ただ、清潔に、身体を整えて、姿勢をよくしていれば、それはやはり「美しい」のではないでしょうか。

肌はいじればいじるほど荒れる、キリがないと私は思っています。もちろん女優さんなど、エステやレーザーなどエイジング施術をすればいいのでしょうが、あまりに高価。持続せねば効果は徐々になくなるのでは？　それができないなら潔《いさぎよ》く諦める。もう高価な化粧品は「使わない」、使ってもニベアやホホバオイルなど手が届くものだけ。肌そのものの自浄作用（自ら細胞を活性化することで新陳代謝をする）を信頼し、できるだけ「いじらない」＝「使わない」という引き算手入れにする！

これからは、ＳＮＳからもっと普通のシニアが出てくる時代になると思います。彼、彼女たちの飾り気のなさが、美しさの基準になっていくような気がしています。

デリケートな肌は、あまりいじらずにそっとしておく

My values 10

最後まで丁寧に「始末」して布を生かし切る

余った布を使って着物の帯を作ったりと、裁縫セットは欠かせないアイテム

洋服は買うのが当たり前でした。自分に似合う、自分の好みを探すために終日街を歩いたこともあります。でも好みの服がその時そのショップにあるケースのほうが稀《まれ》。ほとんどは疲れるだけで帰ることが多かった日々。節約生活を始めて、洋服にかけるお金の余裕はなくなりました。さて、どうする？　それまで当たり前のように捨ててきた洋服を見直すことにしたものの、――ため息ばかり。

私は着物だけは数多く持ち、それを使ってのリメイクは何着かはやりましたが、外に着て出るまでにはなかなか行きません。縫製が未熟なので、近くで見るとアラが見えすぎるからです。でも、針仕事は好き。チクチクやっていると、時間も憂さも忘れます。

古いけどお気に入りだったスカートを前にして、もうウエストは入らないとがっかり。でも柄が好みなので手放し切れません。布の部分だけ切り取って何かに使おうと思いましたが、スカートのフレアーが可愛くて、それもできない。そこでウエストサイズを伸ばすためにウエスト部分をカット、ウエスト部分だけに別の布を足そうと試みました。ウエストは隠れるから別布でも見えないと思ったのです。何度か試みましたが、ウエスト部分だけ足すのは難しい。そこで脇を解いて、そこにやはり処分するつもりの銘仙《めいさん》（着物の布）を裾まで足してみました。洋風の柄と着物の柄がうまくマッチして、おまけにウエストも伸ばすことができました。裾のフレアー具合も、足した分だけ華やかになりました。

「家にあるものを見直す」生活は、こんな風に始まりました。衿部分や袖部分を変えたり、破れを隠すために刺繍《ししゅう》したり、小さくなった部分には別布を足す、古いシャツは足したり引いたり。しまいには娘の就活のスーツを着たり、息子がおいていったシャツをエプロンにしたり、カットしてリメイク材料として使ったり。そう思って家を見渡すと、もう宝の山、です。

リメイクした「作品」をまた解いて、別のものにすることもしょっちゅうです。わが家の布は七度生まれ変わるのです。

「始末」という言葉があります。「始末をつける」「始末な暮らし」といった風に使われますが、モノの命を最初から最後まで生かし切る、きちんと片づける、浪費しないようにする、という意味です。

洋服より布のほうが好きなのかもしれません。かつて買った洋服も、布に惹《ひ》かれて買っていたのでしょう。そんなお気に入りの布。それらの命を最後まで使い切り輝かせることができるのは、布も私もなんと幸せなことでしょう。

最後まで使い切る生活は、ものと私のウインウイン

My values 11

メイクなし。
基礎化粧品はシンプルに。
それ以上に大切なのはやはり食

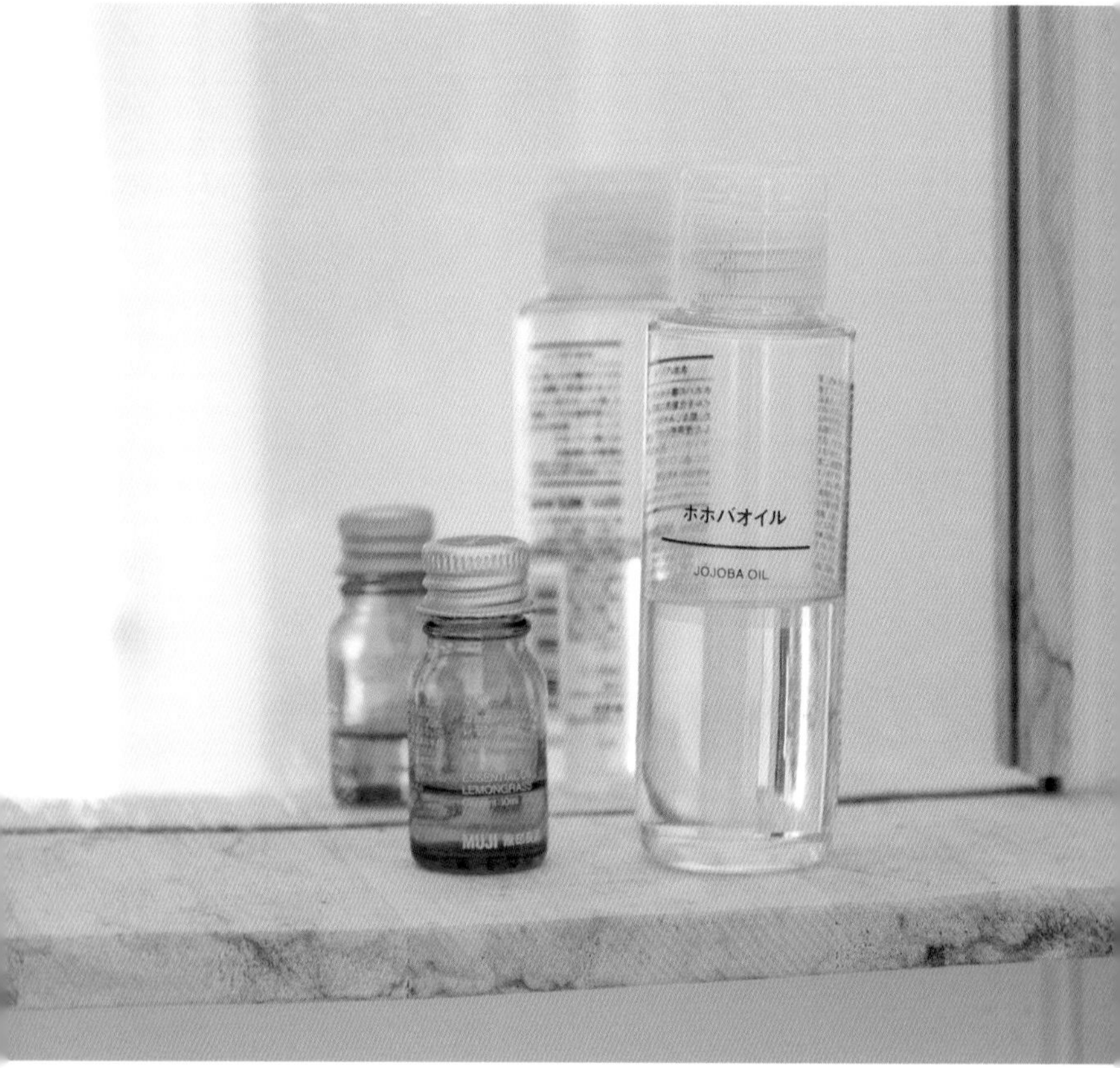

肌はあまり手をかけすぎず適応力の高い肌質に。乾燥が気になる時だけホホバオイルを

基本、メイクはしません。ただしお出かけや人に会うときのすっぴんは相手に失礼な気がするので、軽めにしています。私はアレルギーがあるようで、化粧品や洗剤に入っている界面活性剤が肌に合わないようです。

肌まで安上がりにできているせいか、高級な化粧品を使うと、逆にポツポツができてしまいます。界面活性剤に入っている成分は肌の角質を死滅させるとの説もあります。

基礎化粧品をまったく使わないのは不安なので、肌に合った化粧品を少量使い、だんだん量を少なくしていき、夏など汗をかく季節にはストップ。肌自体が持つ回復力に任せるようにしました。

乾燥が気になる冬には、無印のホホバオイルを目の下やお口周りに1、2滴。唇にはオリーブオイルを少しだけ付けています。

軽めにメイクしたときも、このホホバオイルで落とし、普通の石鹸で水洗いします。

それでは落ちないときもあるので、そんなときは重曹で、クレンジングペーストを作ったこともあります。これは重曹大さじ1にオリーブオイルをおよそ30ミリリットル入れて、軽く混ぜ合わせるだけ。それをメイクした場所に塗り、洗顔していました。

メイクしたら落とすのは必須ですが、このペーストを作るのが面倒なのと、肌に触れるとザラつくので、あまり濃いメイクはしなくなりました。

シャンプー・リンスもあまり使わず、いつもは湯シャン。髪の汚れはお湯で十分落ちるとある書籍『シャンプーをやめると、髪が増える　抜け毛、薄毛、パサつきは洗いすぎが原因だった！』（宇津木龍著／角川書店）で知りました。洗った後はクエン酸をスプーン1杯、お湯に溶かし、これをリンス代わりに。石鹸やシャンプーのアルカリ性を酸性で中和させるわけです。また最近ではお湯にゆず酢を一振り入れてリンスにしています。ほんのりゆずの香りが漂っていい感じに髪が柔らかくなります。

しかし、肌には日ごろの食生活がなにより大事と実感しています。

私は20代の頃、転職先探しでストレスがあったせいか、毎日のようにお腹を壊していました。あまりに調子が悪いので、病院で診察を受けたところ、「あなたの肌は40代」と言われました（今の年齢ならその言葉は嬉しいのですが）。またその医者に「胃腸を壊す、体調を壊す原因は三つあります。一つは生活の乱れ、二つ目は食べ過ぎ、三つ目は将来への不安です」とも言われ、「あっ、私、三つ目の将来の不安です」と、原因が分かってすっきりした覚えがあります。だからといって体調がよくなる、お肌がきれいになるわけでもないのですが、それほど肌とストレス、食生活は密接につながっているということです。

高級化粧品より、普段の正しい食生活のほうが効果あり

My values 12

セルフカット、セルフカラーリングで年相応のシルバーヘアがちょうどいい

着物用のヘアスタイリングはネットを見て勉強。まとめ髪のレパートリーが多いとおしゃれが楽しい

私は髪の質が悪く、縮毛で剛毛、いわゆるヘアサロン泣かせです。まとまりにくく、すぐに細かい浮き毛が出てきて、きれいにするには手がかかります。今でこそクリームやらワックス、オイル、ジェルとスタイリング剤は選べないほどありますが、私が子どもの頃にはリンスさえありませんでした。中高生のとき、どんなに丁寧にとかしても、学校に着く頃にはボサボサになっていたので、校門で風紀係に「髪くらいきちんととかしてください」と注意されたものです。リンスのCMで髪に艶の輪っか、いわゆる天使のリングができたのを見たときは衝撃でした。

ヘアサロンでも、自分でカットしても変わらず、美容師にいろいろ言われるのが嫌で、いつしかヘアサロンにも足が遠のきました。

自宅ヘアカットで使うのは髪梳《す》きようのギザギザのはさみ。それで髪を少なくしていき、長い部分もついでにカットします。ショートにすると、もう広がりがひどくてまとまらないので、いつも肩に着くくらいの長さ。これを普段は結んだり、お団子にしたり。着物ヘアも自分でやります。

カラーリングは一番安く、小分けできるカラーリング剤を使い、前の部分だけ染めています。シルバーヘアが憧れなので、後ろは白いまま。前を染めるのは、前の部分がまだらに白いと汚く、老けてみえるからです。

先日、白くなった部分を、百均のブルー系のヘアカラー剤で染めてみました。黒い部分には色は入らないのですが、白い部分はほんのりブルーに染まりました。光の加減で、白く目立っていた部分がブルーに。百円で満足な仕上がりになり、いい気分転換になりました。

これまでコンプレックスだった縮毛、剛毛ですが、節約生活を始めてから美容院に行かずに済む＝お金を使わずに済むという「都合がいい髪質、便利な髪質」になりました。

シャンプー剤をあまり使わないせいか、髪の量も減らないまま、剛毛だった髪質は柔らかくなり、これは逆に年齢からの衰えだと思いますが、それでも柔らかい毛は扱いが楽になりました。

ちなみに私のシャンプーの頻度は冬は週2回くらい。お出かけでムースなどの整髪料を使ったときだけです。夏は汗をかくため一日に何度もシャワーを浴びます。そのときについでにお湯で洗い流す湯シャンをします。シャンプーを使わないので、界面活性剤が毛穴から入らず、脱毛しにくくなるとのことです。そのせいか、72歳になっても私の毛髪量は多いほうだと思います。

美容師泣かせの髪質でも、歳を重ねると節約ヘアに

素材、色の「マイルール」でもう迷わない

集まるのは好きな色ばかり。自分カラーを見つけると服に迷わなくなる

洋服を選ぶとき、素材は木綿や麻といった天然素材、色はブルー、グリーン、後は無彩色と、自分なりの「洋服の基本」を決めています。その理由は、買うときに便利だったから。「だった」と過去形なのは、今はほとんど買うことがなくなったからです。リサイクルセンターで、古着を買うときも、このマイルールは守っています。自然素材は肌にも優しい、洗濯も簡単にできるといった理由からです。

色についてはブルーがメインです。長年生きてきた結果、似合う色が分かってきたとの理由もありますが、節約生活を始めてからは、どんなにデザインが好みでも、マイルール以外のものは買わないとの「縛り」ができるからです。あっ、いいなと目を引いたとき、そのルールに合わないと、すぐに諦めがつきます。かつての私は、ショップでもネットでも、自分好みの洋服、小物を目にすると「欲しい、欲しい」と、頭から離れなくなっていました。それを身に着けたときの映像まで（もちろんそれは素晴らしくきれいで、似合っている映像なのですが）が浮かび、「今買わないと、後悔する」とまで思い詰め、再びその店に足を運ぶこともありました。

ところが今は、気に入ったものが見つかっても、素材NG、色NGとNGの連発ですぐに諦めがつきます。

このルールのおかげで、買い物に迷いはなく、心はいつもクリアになりました。それでも素敵なデザインが目に入ったときには、どこがどう素敵で、どこが自分の心を捉えたのかとじっくり拝見し、絵に描くなどして脳にインプット。リメイクするときに、そんなデザインを取り出して、できることだけを真似してみます。

洋服を縫う技術はほとんどなく、また手縫いなので、自分でやれることは限られています。それもまた数を増やさないためのいい意味での縛りになっています。ときどき、自分好みのものを自分で作れたらどんなにいいだろう、と洋服の技術本などを眺めるのですが、こんな高度な技術はとても無理だわ、と出るのはため息ばかりです。でもそれもまた良し。

手持ちの服を、手縫いで簡単に直して、ほんの少し前の服を新しくよみがえらせる。たとえば、シャツの襟にリボンや好きな布を縫い付けたり、スカートのウエストに別の布を足してサイズの調節をしたり、短いスカートには長いスカートを重ね着、裾から足した好みの布が、ちらりと見えることで嬉しい気分になったり。それは「新しくないからこそ」の喜びです。

未熟な技術だからこそ、簡単に楽しいものを作る

My values 14

シニアの雰囲気は言葉遣いと姿勢が8割

着物は日本人ならだれでも似合うファッション。普段着のように楽しむ

シニアには限らないことですが、人は向かい合って話すときを除き、あまり人の顔をじっと見ることは少ないのではないでしょうか。まして大勢の人との集まりなどでは、お互いの顔をじっと見ることはあまりない。

人は、顔そのものより、その人の醸し出す「言葉遣い」で美しさや好き嫌いを決めるのではないでしょうか。

相手のあまりに「優しい」言葉遣いに、やりたくないことなのに、ついその人の言葉に従ってしまった、ということもよくあります。京言葉などはその典型で、本来はキツイもの言いが、柔らかい口調で話すためキツく聞こえないというケース。もちろん逆もありますよね。

私はキツイ言い方の方言を使う地方で育ったため、社会に出てから、ついそのような言葉が出てくることがありました。そんなときには「喧嘩、売ってますか？」などとよく言われたものです。子どもたちとの言い合いが絶えなかったのも、この言葉のせい？　かもしれません。

それはともかく、人は言葉遣いで、印象は大きく変わるということは間違いないと思います。

節約生活を始めて、人と話すことが増え、私はこれまでの言葉遣いを大いに反省し、少し優しく話すように心がけてみました。すると、「上品」とか「優しい」とか、これまで言われた経験がない「誉《ほ》め言葉」が増えるようになりました。

子どもたちと話すときにも、少しこれを心がけると関係はぐっとよくなりました（嬉！）。

また姿勢も印象を左右する大事な要素です。もともと姿勢はあまり悪いほうではないと思いますが、こちらも意識して背筋を伸ばす、話しているときも、あまり崩さないと気を付けるようになりました。

その上、着物は帯でお腹をきりりと締めますから、自然と姿勢は良くなります。

顔より雰囲気。若い頃は、自分の顔の造作を一つ一つ確認して、落ち込んだり、ここがこうだったらいいのにと思うこともありました。でもシニアになると、細かい造作より、「雰囲気」がその人を表すと思うようになりました。

俳優ならいざ知らず、人って、他の人の顔をそんなに見ていないものです。人は歳を重ねるごとに、視覚だけの美しさ以上に、五感をめいっぱい使って、相手の雰囲気をつかもうとする方向に変わっていくものなのかもしれません。

シニアの「雰囲気美人」は姿勢を良くすればいいことだから、すぐに作れる

My values 15

自由な色合わせが
シニアをより明るくする

見ると落ち込んでいても元気が出る鮮やかな色と柄

洋服には「社会服」と「社会色」があるのはご存じでしょうか。

「社会服」とは、いわゆる儀式の際に身に着ける服、ウエディングドレスやお葬式、入社式、就活のスーツといった洋服。

「社会色」とは、ウエディングドレスの白、就活スーツの黒など、その社会で、この場ではこれと、定められている色です。

個人の好みは「十人十色」、社会的な好みは「十人一色」と言われています。普通は社会色を基本に、個人色を足していく。その足し算が少ない人は「保守的」、多いほど「個性的」と言われています。

社会服や色が定められているのは、特定の色を決めることで、その場での違和感を減らし、一体感を持つことができるという理由からです。

洋服だけではありませんね。たとえば冷たい、さわやかといったイメージは青。夏の飲み物を赤やオレンジにすると、飲む気はしなくなりますよね。

さて、子どもたちの結婚といった「儀式」を済ませると、残る社会色はお葬式の黒と、死に装束の白ということになりますが、お葬式の式服は前から箪笥に用意しているものなので、普段は身に着けることはあまりありません。

シニアとは、格式ばった洋服や色から自由になれる時期でもあるのです。それでも、シニアが暗く、地味な色を身に着けがちなのは、あまり目立つと反発されるとの恐れからかもしれません。しかし最近では明るい色を身に着ける方がどんどん増えています。これは、シニアが元気に「私はここにいる」と無意識のうちにも、自分を主張し始めたからに違いありません。

人の好みはそれぞれですが、社会は明るい色のほうへと進化しているとの説もあります。明るい色を身に着けると、身も心もアップして、ますます元気に。

歳を取るのもいいこと、楽しいこと。シニアだって、いえ、社会服から解放されたシニアこそ、おしゃれを楽しめるという人が、これからもどんどん増えていくのだと思います。そんなシニアが増えるにつれて、地味で目立たない「シニア社会服」も徐々に変化していくのではないでしょうか。今はその端境期かもしれません。

一度に明るい色を使うのは抵抗がある方は、首回りやハンカチなどの小物に使うことから始めてはいかがでしょうか。そこから徐々に好きな色の範囲を増やしていく。

色のパワーは、思っている以上に偉大です。たった一つの色が、自分を元気にして、周りを明るくして、人生を変えることだってあるのです。

偉大な色のパワーを利用して、自分もパワーアップ

Column

紫苑の節約ことば②

知恵、工夫、情報は節約の三姉妹

「節約」で私が大切にしているのは「知恵」「工夫」「情報」の三つです。その中でも一番は「工夫」です。毎日の食事で、たとえば「回鍋肉《ホイコーロー》を作りたい、食べたい」と思ったものの、あるはずの豚肉もキャベツもない。もちろん、他のメニューにチェンジしてもいいのですが、「回鍋肉」が食べたいと思ったとき、きっとその真意は「あの中華ソースを味わいたい」ということなので、ソースはそのままに、豚肉を鶏肉に、キャベツを白菜や他の野菜に変えてみる。すると意外に美味しく、新しいメニューのでき上がりということにもなります。

「知恵」と「工夫」は一卵性双生児のように似ていますが、少し違います。「知恵」とは、筋道を立て、計画し、処理していく能力。「工夫」とは、それを実現するための方法や手段を見出すために考えを巡らせることだと思います。知恵とは段取り。工夫はそれを実現するための方法です。毎日の食事のメニューを考え、材料を決め、足りないものがあった時に、それをすぐに買いに走るのではなく、あるものを工夫し、実現していく。このような「あるものを工夫する生活」が頭を使い知恵を養うことになるのだと思います。

つまり、「足りない」からこそ、何歳になっても柔軟で元気な精神を保てるのかもしれません。足りない生活は、知恵と工夫を生みだす脳活です。

そしてそれを大きく支えてくれるもの。それが「情報」です。雑誌やネット、書籍、ひいては街のショーウインドーや展覧会まで。「自分の素敵」を脳内にいっぱい貯めておき、そのイメージに近づけるために知恵と工夫を使う。毎日の暮らしが「自分流アート」(笑)になるのですから楽しくないはずはありません。

食ー第3章

月1万円で心も身体も満たされる

2023年3月

食費	11654円
水道・光熱費	14204円
通信費	8510円
特別な出費（保険、NHK受信料など）	10000円
交通費	2000円
医療・健康維持費	800円
書籍代	1650円
日用品・娯楽・DIY費	1050円
合計	49868円

My values 16

安く、美味しく、簡単。進化する1万円食事

おひとりの食卓でも素材は多く、栄養たくさんのお膳を

料理は得意ではありません。美味しいものは食べたいけれど、できるだけ手はかけたくない。

だから、1万円食費のレシピを考えるとき、「安い、美味しい」の他に「簡単」は大切なテーマでした。


節約ブログを始めた当初は、自作の料理をアップするのにはためらいがありました。他の方のブログでは美味しそうな料理が次々とアップされています。そのなかで私のレシピはあまりに見栄えがしない。

見栄えのしないレシピを、それでもほぼ毎日アップし続けたのは、自分なりの記録と、「美味しい」は自分基準でOKだと思ったから。

料理が得意ではないからこそ、作るのが面倒な時、あるいは病気などで作ることができなくなる、そんな時でも、栄養だけは摂れて、簡単なレシピは必要。自分なりに続ければいいと思いました。

入ってくるお金が少ないからこそ「生活スキル」は必要です。生活スキルがあれば、少ないお金の中で、きちんとした生活をすることができます。特に食事、料理は生活の基盤です。スキルは完ぺきではなくても、それはそれでいい。

新型コロナ禍で外出も自由にできないときに節約生活を始め、毎日の食事を最優先事項にしたものの、「安い、簡単、美味しい」はレパートリーの少ない私にはハードルは高いものでした。それでもこのハードルを越えないと、食費1万円は難しいと、毎日「何を作ろう」「何を食べよう」と、食事のことばかり考えていたような気がします。

ある程度軌道に乗り始めたのは、定番として使う食材が見つかったことと、栄養学の本でそれらがアスリートが摂っている食材と共通していると、知ったときからでした。高たんぱく、低脂肪の鶏むね肉、ブロッコリーなどですね。

それらのレシピをブログにアップ、料理は毎日のことなので、日々作るうち、「安い、簡単、美味しい」をより発展、進化させたいと励むようになりました。

世の中に余裕のある人のためのレシピはいっぱいあります。私が目標にしたのは、だれでもできる、お金がなくても、納得できるレシピです。

百均レシピで私は、これまでにない元気をもらいました。元気の素となった食にまつわるアレコレ進化版？　をご紹介します。

誰でも簡単に作れる「安く、美味しい料理」を

My values 17

念願の「理想体重」は72歳にして増えた筋肉のおかげ

炊飯器は使わず、一人用の土鍋で炊き立てご飯

「節約生活」を始めても、体重はなかなか増えませんでした。「増えない」のはいいこと、とは一概に言えません。シニアは少し太っているくらいのほうが長生きする、健康と言われています。ふっくらしているほうが見た目も、人に安心感を与える気がします。

そんなことから、もう少しふっくらしたいは、私の長年の願いでした。

40代の半ばでどん底に落ち、ドカンと体重が減ってしまいました。ご飯が喉を通らない、胃が受け付けないのです。胃腸を悪くして、でも元気をつけようと食べるとお腹を壊す。食べないとどんどん痩せていくという繰り返しでした。エネルギー不足で気力も出てこない。いつも疲れていました。

それでも「日《ひ》にち薬《ぐすり》」。月日が経つうちに1・2キロは増えましたが、それ以上は何をやってもダメ。ジム通い、プロテイン摂取、加圧、水泳などなど……どんなに頑張っても少し前までは増えませんでした。

「節約生活」を始めて、長年の懸念だった過敏性腸症候群は治ったのですが、やはり体重は増えませんでした。毎日の食事、お通じも順調なのに、どうしてだろうと納得いかない日々。それでも元気なので、このまま年を重ねていくんだろうな、しようがないと諦めながらも、日々身体を動かすことは続けていました。習慣になっていたので、動かさないと落ち着かない、気持ちが悪いのです。今考えれば、50代から身体を動かす習慣を身につけていたことが、新型コロナ禍の中でも大きく関係していたのではないかと思います。

そんなある日。72歳を前にした頃、身体がしっかりしてきたな、筋肉がついているなとの実感がありました。

わが家に体重計はないので日々量ることはありませんが、娘の家に行ったとき、体重計があるので量ってみると、おお、増えています。私の理想体重に後一歩と近づいています。やせ型1から2になっています。BMI値〈体重（kg）÷身長（m）÷身長（m）〉も体脂肪も痩せ型から標準になっていました。体脂肪平均の特徴として「身体のラインが整ってみえる」「女性らしい丸みが出る」と書いてあり、72歳にして長年の夢をかなえることができました。

顔も少しふっくらしてきたのか、ハリも出たような気がします。これにはただただ嬉しいばかり！　この年で体型改善できるとは！　もしかしたら節約生活で一番嬉しい効果かもしれません。

私は体重を増やしたいことが望みでしたが、減らしたい人でも日々の適切な食事と運動を続けていると適正体重になってきます。無理なダイエットのようにすぐに効果は出ない代わり、一度体質を変えたらリバウンドはなし。なにより日々の暮らしが快適です。

どんな筋トレよりも、食生活を変えることで身体は変わる。節約生活をしていなかったら知り得なかった私のなかの真理です。

痩せるも太るも、適正体重は日々の食事が作ります

My values 18

1万円食費は保存が命。欠かせない万能液「塩麹」

塩麹は液体のものを使用。足の早い魚も塩麹漬けで急がず料理

1回の食料品の買い物は、基本およそ千円程度。これは節約生活を始めたときに決めたルールです。主な食材は鶏むね肉、いわし、卵、牛乳、豆腐といったたんぱく源、それに旬の野菜です。主菜となる豆腐や鶏むね肉、いわしなどは毎回買うわけではなく、どれか一つとしています。

だいたいの内訳は以下です。

①鶏むね肉（300g）orいわし（4～5尾 ※季節・場所による）……200円
②卵……200円
③牛乳……150円
④豆腐……200円
⑤旬のお野菜……250円

これらを4、5日で使い切る形です。

肉、魚など生ものは保存する必要があります。そのときに役に立つのが「塩麹《しおこうじ》」。使っているのは市販の液体塩麹（ハナマルキ）です。以前は自分で作ったりしていましたが、焼いたりすると麹の粒が焦げるのが嫌で、液体のものに変えました。これがすごく楽！　買い物から帰ると早めに、保存容器やポリ袋に入れた肉、魚にかけておきます。１００ｇにつき大さじ3分の2から１くらい。これでおしまい。鶏むね肉は、鶏もも肉に比べると脂肪が少ないので、そのままではパサパサしますが、塩麹をかけることで柔らかくジューシーになります。足が早い魚も保存がきくのが嬉しいです。

１日置いた後、胸肉はポリ袋のままお湯に入れて15分～20分くらい湯せん。そのまま10分放置するだけで柔らか鶏ハムになります。これに胡麻ソースをかけて棒棒鶏に、油で揚げてネギソースでいただく油淋鶏《ユーリンチー》に、野菜と一緒に炒めたり、サラダにしたりとすぐに使えて便利です。

また、いわしも塩麹につけて１日置いて、そのまま焼く、甘辛ソースに絡めてかば焼き風にする。オリーブオイルでコンフィに。チーズをかけてポテトと一緒にオーブンで焼けば香ばしい一品になります。

また塩麹は野菜でも万能です。キノコ類は、石づきを取ってさっと茹《ゆ》でて塩麹をかけておくと使い勝手のいい一品が即席でできます。そのままレタスと一緒に和えてサラダに、スパゲッティに、パンに乗せてもピザトーストにも。セロリ、白菜、大根などカットして漬けておけば浅漬け。いろんな野菜を混ぜれば肉などの付け合わせにもなります。塩麹をそのまま豆腐にかけておくと、これまたクリームチーズのような食感になります。おつまみに和えものにすぐに使えます。

塩麹漬けが便利なのは、外出してちゃんとした時間がない時でも、下準備できているので、すぐに食事の支度ができることです。

保存と腸活、一石二鳥の塩麹

節約生活には塩麹。保存がきくため、買い物の回数も減り、外食も減るので食費は安く抑えられます。腸活にもいいのは言うまでもありませんよね。ただし、塩麹漬けだから安心して、あまり長く保存するのは厳禁です。4、5日をめどに使い切ってくださいね。

My values 19

鶏むね肉、いわし、豆腐は節約生活を助ける三種の神食

缶詰のさばと豆腐にしょうゆ、酒、みりんを加えて、肉豆腐ならぬサバ豆腐

限られた食費のなかでどんな食材を使うか。

料理はともかく栄養の知識のあまりなかった私が一番頼りにしたのが鶏むね肉でした。鶏むね肉は安い上、たんぱく質を多く含み、脂質が少ないのでアスリート食ともいわれています。安いだけに、焼いてもいい香りがしないし、食べてみてもパサパサする。この欠点は、脂肪分が少ないという理由からです。それを解決するため、いろんな方法を試しました。砂糖と塩で揉みこむ、肉を柔らかくするプロテアーゼという酵素が入っているまいたけを刻んで一緒に袋に入れて一晩寝かす、などネットでいろいろなやり方を調べて試しました。しかし、塩と砂糖を揉みこむにも手間がかかるし、むね肉を買うたびにまいたけも買うのは節約にはならない。結局いろいろな食材の保存に便利な「液体塩麹」に落ち着いたのは、前述したとおりです。

塩麹に漬け込んだむね肉の調理方法は次のとおりです。少し食べ応えのある一品にしたいときには、油や胡麻、チーズを一緒に使い、もっと油っぽいのがいい場合は、唐揚げ、油淋鶏などを選ぶと満足感ある一品になります。

むね肉の唐揚げは絡めるソースでバリエーションが増えます。ネギとニンニクオイルを合わせたソースをかけた油淋鶏。酢、しょうゆ、みりん（蜂蜜）に絡める酢鶏風も美味しい。野菜と一緒にチーズ焼きにするとたんぱく質が多く摂れます。しょうゆやみりんにオイスターソースを加えると、中華の味わい深い味になります。

あっさりでもこってりでも、その日の気分に合わせてアレンジがきくので、私にとっては鶏もも肉より使い勝手がよく、しかも安いという便利な食材です。

いわしも、もちがいいほうではないので、買ったらすぐに塩麹をかけ、冷蔵庫に。そのまま焼くだけで美味しいのですが、時間がある時には、水分をキッチンペーパーでふき取り、あれば小麦粉、片栗粉、米粉をふり、オリーブ油や胡麻油でさっと焼き、保存容器に。次の日に甘辛く味をつけたり、そのままチーズ、パン粉焼きに。パン粉焼きはまたその次の日にパンに乗せて、パセリやベビーリーフ、スプラウトと一緒にすればいわしバーガーにもなります。絶品、かつ栄養あふれる一品です。

むね肉といわしの塩麹漬けさえあれば、その2種類のたんぱく源を使い、いろんな料理があっという間に作れます。

その他によく使う食材としては、厚揚げがあります。厚揚げは、木綿や絹豆腐よりたんぱく質を多く含み100グラムで、木綿6・6グラム、絹4・9グラムに対し10・7グラムです。その上、そのまま食べても、野菜と一緒に炒めても食べ応えがあるという日本が誇る健康食材です。

このようにわが家の主菜はむね肉→いわし→豆腐というサイクルで回っています。

毎日の食事はあまり凝らず、できるだけシンプルに栄養が摂れるメニューにして、疲れても、他にやりたいことができても、出かけて作るのが面倒な時にも、さっとできて料理の負担を感じないようにしています。

忙しいときにも便利な「簡単で栄養のある」食材を定番に

My values 20

食費と栄養素の「見える化」で自分にとっての適正値段を考える

ガラス容器は百均で購入。収納は「見える化」にして、残量が分かるように

「あなたのように華奢《きゃしゃ》ではないので、とても1万円ではやっていけない」

節約生活を始めてから、こんなコメントが何度かきました。

「月1万円食費」は72歳の1カ月、外食なしという条件のなかでの金額です。コロナ禍、自分のために一種のゲーム感覚で、書籍などで紹介されている他の方々の食費を参考に割り出したので、そこまで厳密には考えていませんでした。しかし金額にこだわる人は多く、1万円プラス、マイナス千円、2千円単位でも、「超えている」「本当にこんなに安いのですか」といった質問がきます。これは「食費はどのくらいまで少なくできるのか」「いくらにすれば適切なのか」を多くの人が試行錯誤しているからだと思います。

私は「食費をいくらにすれば適正か」に答えはないと思っています。年金が少ない方でも、食費を多く取っている方もいるし、「健康のために食費だけは節約しない」という方もいます。それでも最低限の食費、それも必要な栄養素を摂れるだけの、元気になるレシピを知っておくのは役に立ちます。

まず私の「1万円食費」、毎日の朝昼晩の3食の典型的なレシピをご紹介します。

〈定番メニュー〉

朝　豆乳ヨーグルトとシリアル、自家製パンにゆで卵とサラダなど。チーズを乗せてピザ風にすることも。カフェオーレ。

昼　鶏むね肉でスパゲティ、親子丼など。

夜　いわしの胡麻焼き、あるいはレバー甘辛煮、厚揚げと豚肉&きのこ炒め&具だくさんの味噌汁。夜はだいたい一汁一菜。ときどき、ほうれん草のお浸し、温豆腐、いんげんなどを副菜として付けることもあります。

　これらを基本メニューとして、たんぱく質関連の食材にいくら使っているか考えます。

〈たんぱく質関連の食材費〉

豚肉、レバー、鶏むね肉、いわし2パック……1492円

卵、牛乳、豆乳ヨーグルト、豆乳、豆腐……1922円

たんぱく質を多く含む食材……3500円〜4000円程度（変動あり）

計算したところ、ある月のたんぱく質関連の合計は34114円です。

〈たんぱく質摂取量〉

朝　ハム、あるいはレバーペースト……3g
　卵1個……6g
　牛乳、ヨーグルト、シリアル、チーズ……13g／合計　約22g

昼　親子丼、いわしバーガー、あるいはいわし丼……15g
　きのこスープ……2g／合計　約17g

夜　厚揚げ……8・2g
　豚肉&きのこ炒め……6~7g（部位によって変化あり）／合計　約14・2g

3食合わせると22＋17＋14・2＝53・2g。たんぱく質は野菜や米、味噌にも入っていますので多いときは55g程度になります。（およそ食品100gのたんぱく質含有量です）ちなみに一日に必要なたんぱく質は体重1キロに対し1g。体重50キロの人で50ｇになります。

たんぱく質は、野菜や味噌にも入っていますので、これを加算しないとしても十分な値です。栄養は3日レベルでゆるーく摂ればいいので、足りないと感じたら次の日に増やしています。

私の場合は1万円食費で、たんぱく質にかけるお金は３４１４円でした。シニアにとって、もっとも必要なのに忘れられがちな栄養素はたんぱく質です。まずはたんぱく質にいくら使えるかを考えるのがいいかと思います。たんぱく質は筋肉だけではなく、骨や内臓を作る、免疫機能にも関わっています。

こちらを基本に、体重、予算と相談しながら、ご自分の、必要最小限の食費を計算してみてください。筋肉を付けたい人は、基本食にさば缶1個で20ｇ、あるいは半分でも10ｇが気軽に摂れます。さば缶1個百円として半分だと値段は50円。これを30日分だと、１カ月１５００円プラスという具合です。さば缶の代わりに納豆にすれば、より安くなります。

自分の家庭の食費は、どんな食材に一番多く使っているのか、一度計算してみると面白いのではないでしょうか。節約前の私は、たんぱく質などの必要な栄養素より、炭水化物、スイーツなどにお金を使っていました。これを削り、もっと栄養のある食材に変えるため「食費の見える化」を図ったことで、少ない食費でも、中身を充実させることができたわけです。

ひとり暮らしになると、食事の用意が億劫になり、つい「あるもの」を食べる、その「あるもの」も、手軽に満腹感が得られることから、炭水化物メインということが増えていきます。体重はあるのに、また結構食べているのに、「低栄養」というケースもよく聞きます。知人の70代の男性は、パートナーを亡くした後、一人で食事を作るのはいいのですが、体調を崩し病院に行ったところ低栄養と診断されたそうです。酒、おつまみ、油もの、お刺身、時には寿司といった一見豪華な食事でも偏っていたと反省していました。

油分、炭水化物の多い「ご馳走」が普通になっている現代の食卓。私自身、イベント続きで、そんなグルメ食を食べていたら、身体が怠《だる》くなり、ふくらはぎは張りとむくみのダブルパンチで動くのが億劫になりました。「もう歳だからかしら」と思いつつも、いつもの百均レシピに戻したら、たちまち身体の不調は治ってしまいました。

70歳を超えても身体は変わります。私は、それを実感したので、朝目が覚めて、身体が重い、怠いと感じると、その原因を探るようになりました。ほとんどは、前の日の食事がかかわっていると気づきます。あまり甘いものは控えよう、油を使いすぎた。食べすぎたと気づくと「基本食」に戻します。

まずはたんぱく質を意識して摂ることが、健康への近道だと思います。どんな年代にも大切な栄養素ですが、シニアはあっさりしたものを好む傾向があり、つい不足しがちに。その結果、転びやすくなる、風邪をひきやすくなる、動きが鈍くなるなどの影響が出て、ますます食事作りが億劫になるとの悪循環になるわけです。すべてを年齢のせいにしないで、まずは食生活を見直してほしいと思います。

食費の多くは炭水化物？　必要な栄養素にお金を使いましょう

My values 21

栄養の基本要素は
生、冷凍、缶詰で
安く、賢く取り入れる

ストックする缶詰は4、5個に収める。無駄にならずメニューも悩まない

「節約食生活」の強い味方はなんといっても、「安い、身体にいい」食材です。卵、納豆、豆腐、牛乳、鶏むね肉、いわし、さば（缶詰）、レバー、鶏手羽もと。

これらたんぱく質に加え、野菜は小松菜、豆苗、きのこ類、じゃがいも、玉ねぎ、にんじん、ごぼう、そしてトマト缶でしょうか。そして通年野菜の他に、ほうれん草、ブロッコリー、セロリなど季節の旬野菜で彩りを加えます。

基本はこれだけです。

小松菜はカルシウムを多く含む最強食材です。カリウム、鉄分の他にビタミンCも多く含んでいます。炒め煮に良し、お肉と煮て良し、ひじきに入れて良し。そのまま胡麻油でナムルに、ニンニクやショウガと炒めると中国風の青菜炒めのでき上がりです。青物が一挙に美味しく摂れます。

これらを組み合わせるだけで、日々の食卓は間に合います。

その他、よく知られていますが、缶詰は便利この上ない。特にさば、いわし、トマト缶は80円から100円くらいで買えます。

冷凍野菜で私が使うのはいんげん。これは便利で美味しい、安い。料理に彩り、緑色が欲しい時さっと使える。揚げても茹でても、煮ても美味しい。

冷凍かぼちゃは定番煮物の他、そのまま食べても美味。お菓子にも使えます。たまにブロッコリーも。旬以外では高い上、冷凍はあまり美味しくない。それでも栄養豊富な食材なのでときどきの購入です。

冷凍コーンは小分けにできるのでひとり暮らしには便利食材。ピザやパンに入れて焼いたり、スープにも。腹持ちもいい上、ジャガイモより簡単に調理できて、歯触りもいい、ほんのりした甘さに癒やされます。

最近ではカット野菜を使う人も増えています。カット野菜は家族がいるときには、もったいなくて使えませんでした。今もその傾向はありますが、ひとり暮らしになって、丸ごと野菜は大きすぎて保存に手がかかるので、野菜炒めや豚汁など、一人前で何種類もの野菜を使う場合は便利に使っています。

デメリットは傷みが早いことです。野菜の断面が空気に触れているので黒ずみ、食べる気にならず破棄することもありました。

それでも食欲はわがままなもの。いきなり、これが食べたい、あれが食べたいという欲求が起きることがあります。お好み焼きを食べたい、豚汁を食べたいというときには、材料使い切りで野菜の種類が多いカット野菜が重宝します。すぐに欲求を満たし、無駄にならず、保存の心配もいりません。それでも余ったら塩麹に漬けて浅漬けに、粉やチーズと混ぜ、塩コショウしてガレットやミニお好み焼きにして使い切っています。

食欲はわがまま。それに対応できる便利食材もときには必要

My values 22

2カ月で実感。身体は食べたものでできている、という考え方

自炊は時間をかけずぱぱっと作る。お昼は丼ものや麺類が多い

「どんなに絶望したときでも、美味しいものを食べれば生きていく力がでる」『みをつくし料理帖』の主人公、澪《みお》の言葉です。『みをつくし料理帖』(高田郁著)は、私の大好きな小説です。

江戸時代、女性がプロの料理人になるなど「とんでもない」とされていた時代に、水害で両親を失った主人公が、果敢に道を切り開いていく料理修業の物語です。豪華な料理より、庶民が一日の疲れを少しでも癒やし、元気になる料理を、安い値段で提供する小さなお店「つる家」で働く澪。

小説に出てくる美味しそうな料理～セリの白和え、菜の花飯、賄い飯の豆腐丼は、冷たいご飯に熱々の豆腐を乗せただけ～は読んでいるとお腹が空いてきて困ったものです。料理を真似するには腕が違いすぎますが、「美味しく、元気が出る料理を安く」の心根だけは教わりたいと、何度も再読。「1万円食費」の大きな励みになりました。

彼女のへこたれない力、その元気の素は、「毎日の食事」です。

子どもを生んだものの、おっぱいの出が悪い友だちにはこの料理を、母代わりの芳《よし》という女性が心労で倒れれば、それに見合った一品を心を込めて作る澪。彼女は身をもって「身体は食べものでできている」と実感しているのです。

たしかに私自身、安くても身体にいいとされる食事を毎日摂ってからは、身体がどんどん変わっていきました。

人の身体は半年前に食べたものでできていると、アスリートマスターの村山彩さんは言います（『あなたは半年前に食べたものでできている』村山彩著）。その言葉は、当然ともいえます。筋肉も骨も血液も食物の栄養素が元になってできている。そんな当たり前を忘れてしまうほど、私たちは忙しく日々を送っているのでしょう。

人の細胞は28日周期で変わるといいます。それを信じるなら、良い食生活を1カ月ほど続けると細胞は生まれ変わる。おおよそ2カ月くらいで、私の場合は身体が変わったと実感できました。

20代の後半、私は転職に何度も失敗し、ロクに食事もしなかった、できなかった時期がありました。当時、あまりにお腹を壊すので病院を訪れた私に医師は言いました。

「あなたの肌は40代後半の肌だよ」と。が〜ん。

もう一度、今度は40代の半ばにやはりドン底に落ちるのですが、どちらの場合も、澪のこの言葉、「どんなに絶望したときでも、美味しいものを食べれば生きていく力がでる」を知っていたら、もっと早くに立ち直ったのではないかと思います。

美も健康も、毎日食べたものが作ってくれる

My values 23

グルメは食べても高く
後からも高くつく

冷蔵庫は入れすぎず、すべて消費できる程度をキープ

私の30代はバブル時代。仕事の打ち合わせもフレンチやイタリアン、当時は「イタめし」というネーミングで、おしゃれ且つ気軽に食べられるイタリアンが人気を博しました。仕事が始まる前は打ち合わせ、仕事が終わったら打ち上げと称して、夜ごと食べ歩く人で高級レストランはいつも満員でした。

ときは流れ、そんな日々を送っていた人は次々と病気になっていきました。生活習慣病である糖尿病、脂質異常……。私自身は、自分でお金を使ってそのような場所に行くということはあまりありませんでしたが、打ち合わせや打ち上げのおこぼれで、ときどきご馳走になっていました。

フレンチやイタリアンは家庭料理にも入ってきて、フレンチと中華が同じテーブルに並ぶことも珍しくない風景になっていきました。

今もそんな習慣は続いていて、食卓に何種類もの料理が並ばないと淋しい、質素、足りない、などという人も大勢います。

世の中が下降気味になっても、「当たり前」になったその習慣は続いています。

当然、太りすぎや生活習慣病は増えていきました。

当時のフレンチの価格は1万、2万円が普通でしたが、まさに今の私の1カ月の食費を一晩で使っていたわけです。


グルメは高くつきます。払うときも、経費として落とせる人はいいけれど、若い人が自分の財布から出していたバブル時には「高いなあ、でも彼女のためだ、仕方ない」と思っていたのではないでしょうか。ちなみに、当時は食事をしたら男性が払うのは当たり前の時代。彼氏ではなくても食事を奢《おご》ってくれるメッシー君、車で送り迎えしてくれるアッシー君という言葉までできた時代です。

グルメというとついバブル期の食事を思い出してしまいます。

そして今も多少は抑えているとはいえ、そんな食卓が普通になってしまったニッポン。私の百均料理は「倹《つま》しい」「質素」ということになっていますが、私の子どもの頃には、これでもむしろ贅沢なレシピ、だった気がします。特に貧しい家庭ではありませんでしたが。ですから今の毎日の百均レシピは、貧しい、我慢してというより、むしろほっとするレシピです。

グルメは、そのときも高いけど、その後も、贅沢な食習慣が残り、食事にお金をかけた結果、病気にはならずとも怠い、疲れやすいなど生活の質を下げます。そして病気になると医療費に多額のお金を使うことになってしまいます。

バブル後遺症は、後になるほどボディブローのように応えてきます。節約食事は、お財布に優しいだけではなく、身体や精神面にも優しいのです。

お財布にも身体にも優しい節約レシピを

My values 24

日本人は身体も「もったいない気質」

きのこ類は干すことで栄養価がアップ！　天気のいい日にまとめて作り常備食に

日本人と「もったいない」は切っても切れない関係にあるようです。ダイエットと片づけは、挫折する人が多いからこそ、あの手この手のやり方が次々と出てきます。

その両方にかかわる言葉が「もったいない」ではないでしょうか。残すのはもったいないから食べる。捨てるのはもったいないから、「モノ」があふれる。

何を隠そう、私も「もったいない気質」です。

だからこそ、多くを作らない、「モノ」は買わない生活。これ以上買う必要がないほど、今や多くの家は「モノ」であふれています。

この「もったいない気質」、日本人は遺伝子にまで組み込まれているようです。「倹約遺伝子」と名付けられたこの遺伝子、どんな働きをするかというと、脂質、つまり油が身体に入ると、「おお、油だ」と大喜びして、使うのは「もったいない」と体内に溜めてしまうのです。

これは、脂質をあまり摂る機会のなかった日本人が持つ遺伝子。世界的にはイヌイットやスウェーデン人も持っているとのことです。フレンチにイタリアン、ハンバーグに中華など、バラエティに富んだ日本人の食生活ですが、欧米人と同じように、バターなど動物性脂肪の多い食事を摂ると、日本人の身体、遺伝子は「嬉しい！」とばかりにその脂肪を溜めこんでしまう。

他にも、かつての貧しい、飢餓に苦しめられた時代の名残りだとの説もあります。脂質だけではなく、炭水化物もあまりお腹が空いていないときに食べると、やはりそのカロリーを貯金してしまうとも言います。溜めこんだ結果、生活習慣病や脂質異常症になって苦しむ。

ちなみに油は、炭水化物の2倍のカロリーがあるため（100gで900キロカロリー）、活動するには効率的な栄養素です。おまけに脂質を摂ると、ドーパミンやβエンドルフィンなる物質が脳内に分泌され、これらの快楽、やる気物質が「ああ、美味しい」という快感をもたらすようです。

若い人が好むのは理に適っているわけですが、年を重ねても、この快感は忘れがたい。つい摂りすぎて、糖尿病や脂質異常症を引き起こす原因となるのは、よく知られています。

かつての飢えの時代をしっかり覚えてしまった日本人、少しかわいそうですね。今は飽食の時代、炭水化物も脂質も控えめにいたしましょう。「もう貧しい時代は終わったのよ」と身体だけにはしっかりと言い聞かせましょうか。

身体がもたない「もったいない」はやめよう

Column

紫苑の節約ことば③

買う瞬間は「これ、いい、必要」、家に帰ればみんなゴミ

人は目新しいものを見ると、興味を惹かれます。へえ、こんなものがあるんだとワクワクします。人は好奇心によって進歩してきたので、これまでにないものを目にすると、脳はドーパミンというホルモンを分泌させワクワクとした高揚感を促すわけです。

人がものを買う動機はいろいろありますが、ワクワクで買ったものは、お店の鏡が良かった、お店の説明がうまかった、という環境要因の影響が大きいことがあります。

買いものは「買った瞬間」が喜びのピークです。街で買ったものは、家に帰るまで、ネットでポチしたものは、届くまでは「ワクワク」が続きます。ところが実際に家に帰って包みを開けてみると、家の鏡や照明はショップのようにきれいに見せてくれない。店員のように「いいですね」「お似合いですね」とはだれも言ってくれない。一度買ったものは「もったいない」からしばらくは使いますが、いつの間にか押入れに入れたまま、なかったことに

なるケースが多々あります。ものを「見えない」ことにして、買ったことを忘れさせようとするのです。

これでは何を買ってもものの価値を発揮させることができません。「これを買ったら人生が変わる！」というときめきを感じて手に入れても、ものひとつで人生が変わる人はあまりいないのではないでしょうか。

ものは買う瞬間こそが一番輝いています。それを常に忘れず、素敵なものを見たら、いまがピーク。それでもいいなと感じたらお財布の紐《ひも》を緩めましょうか。

住―第4章

おんな一人で一軒家を買う

2023年2月	
食費	10109円
水道・光熱費	15028円
通信費	8510円
特別な出費（保険、NHK受信料など）	10000円
交通費	2000円
医療・健康維持費	800円
書籍代	1500円
日用品・娯楽・DIY費	1000円
合計	48947円 （その他歯のブリッジ代14780円）

中古一軒家で得たのは自分だけの空間と賃料からの解放

日当たりの良い2階は自分好みのリラックスできる空間に

今住んでいる家は、前に住んでいた公団の近く、散歩の途中でたまたま見つけた物件です。

私の住んでいる地域は、一応東京23区内ですが、放置されている空き家も多く、少し広い土地は次々とマンションに建て替えられています。

買ったのは、そんな住宅地にある小さなおうちです。

買った当時は築40年、2016年の春でした。あれから7年、築47年ものになりましたが、特に傷みはなく今のところ何ごともなく、無事に暮らしています。

買ったときは65歳、シニアの終《つい》の住まいはマンションが便利とはよく耳にします。買った当時はそんな知識もなく、またマンションの管理費、修繕積立金を払える年金額ではないので、当然の選択として一軒家になりました。

年金額の少なさと、毎月払う家賃で貯金がどんどん減っていく不安に押しつぶされそうになっていた頃、偶然目の前に現れた小さな一軒家です。

興味を持ったものの、近くに行き値段を見るととても買えない金額、3千2百万円くらいでした。この土地に、この坪数でこの値段は高いのか、安いのか、そんなことさえ判断はつきません。チラシを見ると、リフォーム済みとあり、床を板張りに、台所やお風呂、トイレの写真が。坪数も書いてありましたが、どのくらいの広さ、あるいは狭さなのか、こちらも見当もつきませんでした。

気になり、散歩のたびに見るようになりました。その家を見るために散歩の回数が増えたくらいです。

何度か見るうち、値段が2千万円台後半になっていました。それでも、まだ買える値段ではありません。見ているとどんどん下がり、半年くらいでついに2千万円近くになりました。この狭さでは買う人がいなかったためなのでしょうか。

安くなっていたのを機に子どもたちと内覧に行きましたが、内部はどうにか判断できても、外壁は？　外回りは？　基礎は？　という知識は、家族そろって皆無。トイレ、風呂場、台所とリフォームされている部分だけ見て、これならどうにか暮らせるだろうと思うだけ。

想像より狭く、入るなり「こんなに狭いの？」と思わず口走ったほどです。

「こんなに狭い家、だれが住むんでしょう」

「いや、子どものいない夫婦とか、ひとり暮らしの人とか……」

そうか、ひとり暮らしなら「住めないことはないな」。お金もないのに、私は生意気にもこんなことを口走ってしまいました。

それでも迷ったのは、1千万単位の買い物なので、家を買えば貯金がなくなると思ったから。迷っていたら、売主が「それではもう2百万円引きます」との連絡が来て、シメタ！　と契約となりました。

こうして、築40年、10坪あまり、人生で初めて小さな家を持つことになりました。

とりあえず屋根と寝るところがあればいい、こんな最低限の条件での購入でした。

だから家を買った喜びより、とりあえず家賃からは解放されるという安堵のほうが大きかったのを覚えています。

家を持つ安心と貯金と不安をはかりにかけてみる

My values 26

終のすみ家を決定させた4つの条件

籠の入れものは、ただ置くだけでも絵になるアイテム

郵便はがき

料金受取人払郵便

銀座局承認

4373

差出有効期間
2024年3月31日
まで

※切手を貼らずに
お出しください

1 0 4-8 7 9 0

6 2 7

東京都中央区銀座3-13-10

マガジンハウス
書籍編集部
愛読者係 行

ご住所	〒		
フリガナ		性別	男・女
お名前		年齢	歳
ご職業	1. 会社員（職種　） 2. 自営業（職種　） 3. 公務員（職種　） 4. 学生（中　高　高専　大学　専門） 5. 主婦 6. その他（　）		
電話		Eメール アドレス	

この度はご購読ありがとうございます。今後の出版物の参考とさせていただきますので、裏面のアンケートにお答えください。**抽選で毎月10名様に図書カード（1000円分）をお送りします。**当選の発表は発送をもって代えさせていただきます。

ご記入いただいたご住所、お名前、Eメールアドレスなどは書籍企画の参考、企画用アンケートの依頼、および商品情報の案内の目的にのみ使用するものとします。また、本書へのご感想に関しては、広告などに文面を掲載させていただく場合がございます。

❶お買い求めいただいた本のタイトル。

❷本書をお読みになった感想、よかったところを教えてください。

❸本書をお買い求めいただいた理由は何ですか?

●書店で見つけて　●知り合いから聞いて　●インターネットで見て
●新聞、雑誌広告を見て（新聞、雑誌名＝　）
●その他（　）

❹こんな本があったら絶対買うという本はどんなものでしょう?

❺最近読んでよかった本のタイトルを教えてください。

ご協力ありがとうございました。

家は大きな買いものです。しかも年金暮らし、ひとり暮らしの私にとっては簡単に決断できるものではありません。そんな私がなぜ一軒家を買う決断ができたのか。それは次の4つの条件が後押ししてくれたからです。

一つ目は「資産価値」です。

目を付けた今の家の値段が下がり始めた頃、「買い手がつかないのかな、この値段ならどうにか買えるかもしれない」と思い、子どもに相談しました。大きな買いものですから、保証人も必要、勝手に決めるわけにはいきません。子どもたちも、このくらいの値段ならと納得したようです。

「土地付き」というのも安心材料でした。東京はこの先大きな地震に見舞われるとの情報もあり、古いマンションでは地震対策がなされているのか、いないのか素人は判断できません。一軒家でも潰れることはありますが、家屋が壊れても土地は残る。「土地付き」なら、私の死後もどうにかなると考えたわけです。

売主側としては、リフォームしているので、更地にするわけにはいかない。土地値にリフォーム代金を足したぎりぎりの値段だったのではないでしょうか。

二つ目は、すぐに住める状態だったことです。

中古のマンションや家を買っても、水回りだけはリフォームが必要と言われています。自分でリフォーム業者を探すほどの熱意も余裕もなく、なるべく早く賃貸生活から自由になりたかったわけです。

三つ目は「周りとのつながりがある」。

この家を買って一番良かったのは娘の家にも近いことです。元気といっても、70代、この先何が起きるか分かりません。いざというときに、早く駆けつけてくれる身内がいることは安心でした。娘の子ども、孫の面倒も気軽にみることができますし、働きながら子育てをしている娘にとっても安心になっています。少しでも娘の助けになっているとの気持ちは、遣《や》り甲斐《がい》につながり、また孫と一緒に過ごす時間はよい刺激になりました。

四つ目は「前の住まいから近く、土地勘がある」。引っ越し先が近いのは、越すのがそれだけ楽、料金は距離によっても決まるので安くなります。正式の引っ越し前に、小さな荷物を持ち何度も往復しました。

当時はまだ「捨て活」に励んでいたわけではなく、アパートには数多くの着物がありました。引っ越しの時期が決まると次々と処分。家具や洋服、着物など、捨てるに惜しいものは区のリサイクルセンターに。ここから私の「リサイクルセンター」とのお付き合いが始まります。その後「プチプラ節約」生活をするようになり、手放すものを持って行っては、百円程度で洋服を買い、それをリメイクして楽しめるようになったのは、リサイクルセンターのお陰です。

家は高価な買い物。用心の上にも用心を

My values 27

プチリフォームは
安く楽しく
自分の手で

棚の扉は百均の板をつなぎ合わせて。取っ手をアイアンにしたらアンティーク風に

中古、一軒家のいいところは、自由に変えていけることです。その自由度はマンションよりかなり高い。築50年近い家ですから、この先20年住めるとして、その後は解体される運命にあります。どうせ壊すなら、この空間を自分仕様に自由に遊んでみよう。DIYをやり始めたのはそんな理由もありました。それも百均グッズを使っての「ちゃち」なDIYで十分。子どもが自由に壁にお絵かきするように、中古の家は下手なDIYでも受け入れてくれる包容力があります。

殺風景な家でした。私は家にはこだわりもなく、センスもありません。とにかく住めればいい。雑誌の素敵なインテリアは自分には遠い、見るだけで十分。

そんな私が知人に絵画をいただいたことからDIYに目覚めました。

端切れを使ったブルーのグラデーションの小さなカーテンはわが家のトレードマークになりました。麻の襦袢《じゅばん》を使った韓国のパッチワーク風の「ポジャギ」もカーテンに。

何もなかった台所は、自作の棚を置き、前からあった木製リリーフをのこぎりでカットして扉にしました。シンク下の扉には百均のリメイクシートを貼り、残ったリメイクシートを壁に貼るとぐっと明るく。百均のリメイクシートでは足りないので同系色のリメイクシートで、こちらもパッチワークに。

そのうちネットのＤＩＹを覗《のぞ》くようになり、あっ、こんなことも自分でできるんだと、早速トライ。難しそうに見えても実際にやってみると、結構簡単にできることが多いものです。それに自分でやれば、お金もそれほどかからないというメリットもあります。

だんだん大掛かりに？　なっていくのも上達している気分で楽しいものです。冬にはすき間風が入る上、殺風景なサッシの窓には枠を付け、カラーファイルを両面テープで貼り付け、ステンドグラス風？　に。中には公園で拾ってきた落ち葉を挟んでみました。

落ち葉といえば、画用紙で作った10円ランプ。画用紙の裏に落ち葉を貼り付け、灯りをともすと落ち葉が浮き彫り、リリーフとなって浮かび上がりきれいです。

秋から冬にかけて公園を散歩していると、色とりどりの落ち葉の美しさに目を奪われます。「やはり野におけ」、野の草花はそのまま野にとの言葉に逆らい、落ち葉をそのまま持って帰り、額装してみました。公園の落ち葉がそのままの形で目を楽しませてくれます。

手すりを付けた階段には台所で使ったリメイクシートの余りを貼ってみました。ブルーの濃淡で明るい階段に生まれ変わりました。階段をとんとんと上り下りすると、ピアノの音が聞こえてきそうです。

「そのまま上っていくと天国に行けそうですね」こんな素敵なコメントをいただきました。私が天国に行くときは、この階段を上りながら、耳の奥ではピアノの音が鳴り響いていていたらいいいな。そのときには、どんな音楽が響いているのでしょうか。楽しみです。

わずかな手間とお金で空間は自分仕様に生まれ変わる

My values 28

リフォームは
快適な老後への投資

急な階段も手すりがあると安心安全

72歳を控えた日、懸念の階段の手すりを取り付けました。

わが家は、買ったときにはリフォームしてあったことは何度か記しましたが、一番心配だったのは、階段に手すりが付いていなかったことでした。

わが家を訪れるほとんどの人が「わあ、階段、急ですね」「怖い」「危ない」「手すりを付けたほうがいい」とアドバイスしてくれます。

引っ越した当時は、この階段のためにプチうつにかかったほどです。というのも引っ越し前に「階段から落ちて怪我をした」という知人の話を聞き、「ああ、私もそのうちこの階段から落ちて怪我をするなあ」と思い込んだのです。

プチうつの原因は階段のせいだけではありません。前のアパートは窓からの眺めに公園の青々とした樹木が広がっていました。今は隣の家の灰色壁。暗く狭い空間に閉じ込められているようで気がめいったのです。

懸念の階段もそのうち慣れてきました。プチプラ生活のお陰で心身ともに丈夫になり、足腰の運動になると前向きに捉えられるほどになったのです。

それでも急な階段は先を考えるとやはり心配です。自分で手すりを付けるつもりであれこれ調べてみました。のこぎりや金づちなどの道具は一応そろっています。それを使ってと企《たくら》んでいたのですが、手すりに素人仕事は危ない。

では、どこに依頼したらいいのか。見当もつきません。

そこで、区のシルバー人材センターに電話をしてみることに。区の施設なので、料金も含めなにかと安心と思ったわけです。ところが、「大工は所属していない」とのこと。そんなとき、公的な補助のことを思い出し、区役所に尋ねてみると、「地域包括支援センター」、通称「お年寄りセンター」なる施設を教えてくれました。65歳以上の人には、なにかと助けになる制度、施設です。65歳以上、要介護①②の方には公的な補助が出るとのことです。

私は年齢的な条件は合っていますが、「要介護にはまだ遠い」と思い、それでも連絡したのは、良心的な業者を紹介してほしかったからです。

「実費でもいいのですが……」

「では、業者さんに聞いてみます」との返事。

しばらくすると、「大丈夫、できます」と。その後「せっかくですから、少しでも補助が出る道、方法を探してみましょう」と言ってくれました。

業者、大工、包括センターの3人がわが家に見えたのは寒さ厳しい冬のある日でした。階段を調べた後、センターの方が、「健康状態チェックシート」で、私の健康状態をチェック。健康だと思っていても、70歳を過ぎるといろいろあるものです。乳がん手術、気管支炎、歯周病、白内障などの状態をチェックしたところ、サイワイ「補助金対象になる」との結果でした。「要介護」ではなく「予防介護」に相当したのです。7万円程度の費用がその一割（健康保険割合による）、6800円で付けられるという恩恵にあずかることができました。補助だけではなく、この先、なにかと相談できそうで、心強い気持ちです。

自力の前に公的援助を調べてみよう

My values 29

不安をあおる言葉より適切な場所に相談する

シロアリ駆除の際などに必要であろう床下の入り口は、引っ越した後に工事

家のメンテナンスには、床下収納、外壁、下水管の掃除などをしています。外壁などが5万5千円、下水道の掃除に2万円、材料費を入れて8万円あまりです。手すりを取り付けてくれる、区の請負業者の方が来たときに、わが家の状態と修理に関することを聞いてみました。

ネットなどで家に関する情報を調べると、「一軒家は、5年ごとに外壁の修理などをしたほうがいい」と記してあり、築50年近くのわが家は「これからの修理代が大変だね」と言われることが増えたからです。

「う〜ん」と大工さん。

「この家は、ツーバイフォーではなく、柱が家を支える方式になっていて、この広さで、これだけ柱があれば、そう簡単には倒れないんじゃないかな」

「そうなんですか」と、5年ごとに修理が必要、という間接情報を話すと、

「そりゃあ、やったほうがいいに決まっているけど、30年、40年やらない人もいるしねえ」と続け、

「家っていうのは、そう簡単に壊れるもんじゃないですよ。地震がなければ、後15年くらいは大丈夫」と。

「15年ですか、その頃はもう死んでますね、私」と、皆で笑って一件落着。そういえば、前に外壁の修理などをやってもらった業者も同じように「家っていうのはそんなに簡単に倒れるものじゃない」と言っていました。

保険といい、家を買うかどうかの判断といい、いわゆる「常識」で不安になる人は多い。私もその一人ですが、その「常識」は、それによって利益を得る人の「常識」かもしれません。

「奥さん、外壁が崩れそうですよ」「ここは修理しないと危ないですよ」と、何度か突然訪れた業者さんに注意されたことがありました。その都度、やはり直したほうがいいのかしらと不安になりました。

しかし「いや、どこもまだ崩れてませんよ」と包括センターから来た大工さんは言ってくれました。

一方チラシで見て下水道掃除を頼んだ業者は、「ここは直さないと地下に水が溜まって～～云々《うんぬん》カンヌン」。で、お値段はというと、20万円！ 高いと拒否すると、どんどん下がっていくのが不思議。「おかしいじゃないですか」と、もちろんお断りしました。

包括センター、お年寄りセンターから紹介されて来た方々の仕事は、丁寧で行き届いています。手すりの位置の決め方も、「こう下りてきたら、ここに手が行きますね」「次にはここかな」とまさに痒い（危ない）ところに手が届く繊細さ、見積もりも細かく、安心できました。

なによりの安心は「家がまだ10年、15年はもつ」と言われたことでしょうか。もちろん地震があればどうなるか分かりませんが、これは一軒家、マンション、中古、新築も皆同じです。

「常識」は、利益を得る人の「常識」かもしれないと距離をおく

My values 30

一軒家を買って後悔したことも受け止める

2階の日当たりの良い部屋にある書棚

家を買って以来、試行錯誤しながらも暮らしを楽しんでいることはたしかですが、後悔したことも正直あります。

まず、耐震構造です。日本は地震の国、昭和56年（1981年）には、建築確認申請が受理されるためには「新耐震基準」で建てる義務が生じました。これは宮城県沖地震を踏まえてのもの。わが家は買った当時（2016年）には築40年でしたから、旧耐震基準で建てられたわけなので、この新耐震基準は満たしていないということが心配です。

二つ目は床下などを調べるための「床下収納」がなかったこと。家を購入してから5年目くらいに大工さんに家屋を調べてもらったところ、「床下収納がない！」と驚かれ、「え、床下収納って何？」と始めてその機能、大切さに気づきました。床下収納は台所などの床下を調べるための「穴」。なぜこの穴が必要かと言うと、白アリなどの害虫予防のための液剤を散布したり、家屋の状態を調べるための出入り口です。

慌てて床下収納を作ってもらいましたが、この費用、1万5千円。少し痛い出費でした。

購入する前に、住宅の劣化を専門的知識で判断してくれる住宅診断士などにお願いすれば良かったなあ、と今では思います。費用は当時で10万円くらいでしたが、家の購入の際に不動産業者に伝えておけば、この費用も負担してもらえたかと思います。

そして最後には「日当たり」です。

わが家を内覧したのは、3月の天気のいい土曜日の午後でした。不動産屋がその時間を狙ったのかどうかは不明ですが、南側のベランダから気持ち良い光がさしていました。実際に住んでみると、1階のリビングは思ったより暗く、これははっきり言って失敗。夏はまだ明るいのですが、冬は電気を点《つ》けるほどの暗さです。他に選択肢はなかったので仕方ないことではありますが、余裕があれば内覧する際は、時間帯を変えて何度か訪れるなどの考慮も必要です。

細かい点を言うと、「一軒家は寒い」「細かい埃《ほこり》が溜まりやすい」「電気のコンセントの数が少ない、変な場所についている」などがあります。

密封空間のマンションに比べると、より健康、自然に近くていいという人もいますから、こちらは好み次第ですが、コンセントについては、「どうしてここにないの？」「どうしてこんなところにあるの？」と不便でしょうがない。ここも、あらかじめ調べておけば良かったと思っています。わが家は2階の部屋にはエアコンをつける位置にコンセントがなく、気づいて指摘すると不動産屋がコンセントを付けてくれました。何ごとも調べた上で、交渉してみることですね。

それでも、住めば都。手を入れていくうちに愛着のある空間になっていったのはたしかです。中古を破格の値段で購入し、自分好みに育てていく人も徐々に増えています。ネットで見ると、ビフォー・アフターのあまりの変わりように驚くこともあります。もっと若かったら、こんな風に「家育て」を楽しみたいなと思いました。

家の後悔、先に立たず。隅々まで念入りに

My values 31

買わない人生も良し。賃貸暮らしの恩恵

壁や窓辺に調理器具を並べて機動性高いキッチンに整理

私は地方から上京して以来、ずっと賃貸、UR（独立行政法人都市再生機構）暮らしでした。フリーランスという身分ですのでローンは難しく、それでも一時はマンションが欲しくて頭金を積み立てたりしていましたが、それは途中で断念。思いがけず大金が入ったときには、いっそ買おうかと思ったこともあります。しかし手続きの煩雑さや、時間や労力、能力を考えると、実際に踏み出す勇気がありませんでした。賃貸暮らしの人生でしたが、今考えると、それで良かったと思っています。

その理由は家族の事情によりその都度気軽に引っ越しできたことです。一度買ってしまうと、子どもが独立した後も、その場を動くのは難しくなるようです。そのため、年を重ねて一人になっても、そのまま住み続ける人は多い。広い家だと多額の固定資産税もかかります。

女一人、人生何が起きるか分かりません。現に私は一度離婚もしていますし、仕事の面でも紆余《うよ》曲折、といいことばかりではありませんでした。もし、若いときに家を買っていたなら、それは安心ではなくローンの払いなどで負担に思えていたでしょう。賃貸は身軽な上、管理費、修繕積立金、固定資産税もいりません。知人には親から譲られた家屋の固定資産税が負担になり結局売却、賃貸に越した人もいます。売ったお金とこれからの賃貸でかかるお金を比べると、少しですが売却金が残ることになったそうです。

現代は少子化の影響で人口は減るけれど新築住宅はどんどん建てられる「家あまり現象」が起きています。都市の賃貸は高価ですが、少し離れると料金はぐっと下がります。

またURには高齢者のための設備、たとえば床の段差をなくした住まいや異変があった場合のための緊急通報装置などのセキュリティシステムが整ったところもあります。安い家賃で入れる「セーフティネット住宅」、また都営などの公的な機関が運営するJKK（東京都住宅供給公社）などもあります。

賃貸に住んでいる人は60歳くらいから終のすみ家を心配し、家の購入を検討する人も多いかと思います。巷でも、「40・50代向けの持ち家購入講座」なども行われていますが、「家賃と同額で自分のものに」との売り文句は、バブル以前のことともいわれています。

私が子育て時代に賃貸にかけたトータルの値段は、最初のURが14年で2520万円、次の高層マンションが8年で2304万円、次のURは780万円。合計で5604万円です。買えない金額ではありませんが、管理費、修繕費、固定資産税などを足していくと、かなり増えます。ローンの払いで不安になるより、今は良かったと思っています。

私の知人は60歳半ばで離婚して、部屋探しをしていました。一緒に部屋探しをした結果、決めたのは隣の県のURでした。都心からは離れていますが、駅から近く、樹木もあり、スーパーも近いため利便性が高いと恵まれた環境です。その上家賃は管理費込みで6万円前後。彼女自身は「満足」と賃貸暮らしの後悔はなさそうです。

持ち家にこだわらず、自分のベストを選択する

My values 32

学ぶのに遅すぎることはない。70代で初めて知った固定資産税

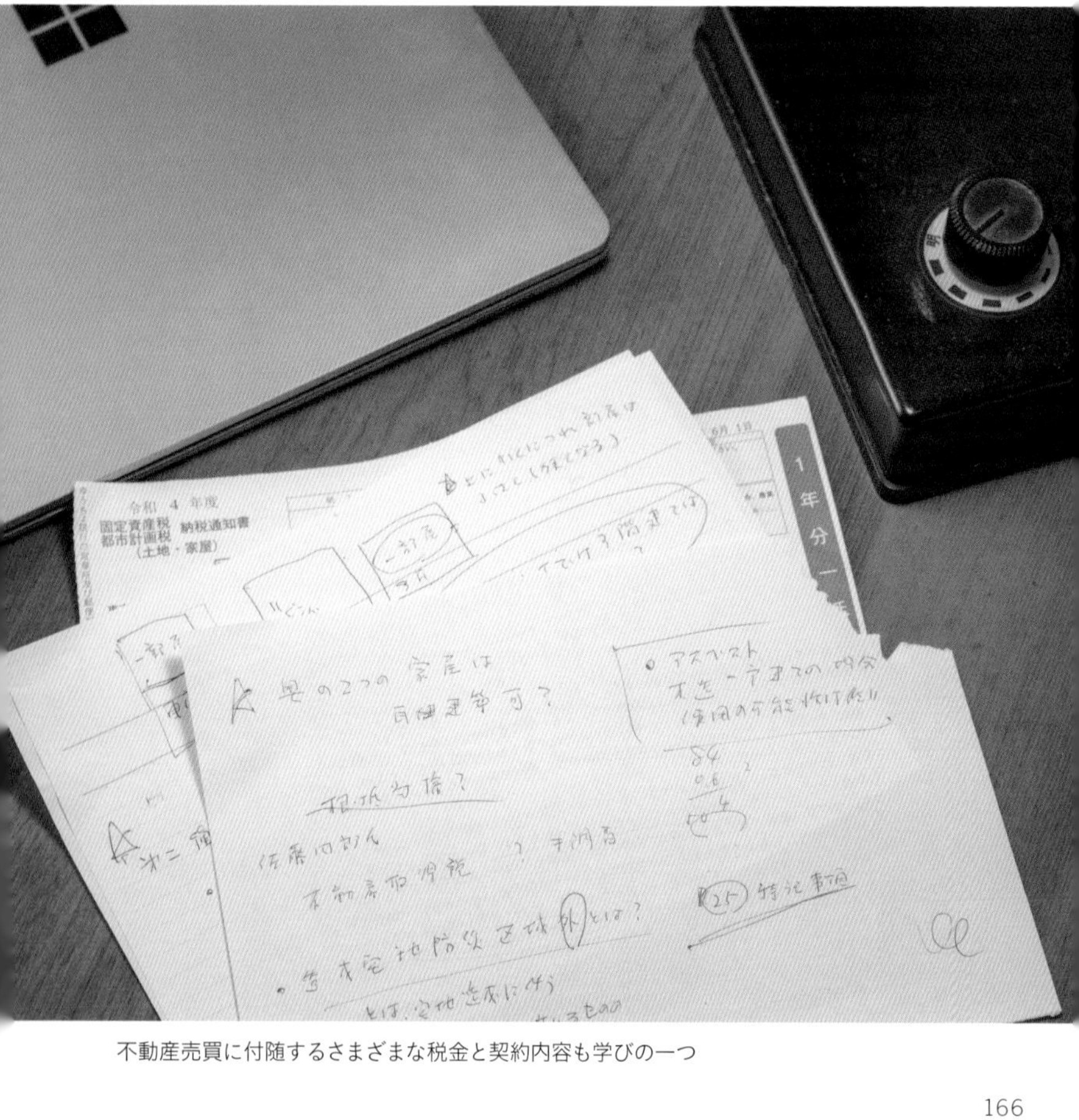

不動産売買に付随するさまざまな税金と契約内容も学びの一つ

私はこれまで不動産を買ったことがないので、「家を買ったら固定資産税がかかる」ということすら、恥ずかしながら知りませんでした。家を購入したときも、数字とお金に弱い私はすべて息子に丸投げ。息子には「これだけ出して」と言われるままに従い、面倒な手続きをすべてしてもらいました。そのせいで手続きのことはよく知らないまま。ブログに自分の毎月の収支をアップした際には、税金関係の箇所がすっぽり抜けていて「固定資産税はどうした？」「払っていないの？」「子ども名義とありますが、相続税は払っていないのですか」などなど、いろいろな質問がきて、汗をかいたことがあります。

と言うのも、わが家に来る通知書は一通。共同名義での不動産購入の場合、固定資産税は連帯義務になります。この場合、所有分の割合は法的には関係なく、名義上（わが家で言えば私か息子）のどちらかが払えばいいわけです。

家を買ったばかりの頃、息子はまだ土日に帰ってきていましたから、通知書があると彼は私に何も言わずに全額払っていました。全額と言っても、上物の家屋は値打ちがなく、固定資産税は10坪あまりの土地値だけの計算、自分では払っていないので、その額も当初は知りませんでした。

固定資産税って、すごく高額なイメージを持っていた私は、まさか自分が支払うものとは思わずに、正直ビクビクしていました。息子にそっと「どのくらい払っているの？」と聞くと、「たいしたことないよ、このくらい」と金額を教えてくれました。月計算すると3千円程度、私でも十分払える金額です。

それでも、別の区では同じくらいの敷地でもわが家の5倍、10倍する場所もあり、友人からは「安いね、穴場かも」と言われました。

マンションにしろ、一軒家にしろ、家屋を購入するときには、ローンの他に、固定資産税、不動産仲介料、事務手数料があり、マンションの場合は、それに修繕費、管理費などがプラスされるので「お値段以上」の金額になることは事前に知っておくことも大切です。


さて、わが家の固定資産税事件というと……、ネットに「年金5万円生活」が取り上げられ、その部分が抜けていたため、多数の指摘が来たことでしょうか？　それを知っていた息子は、「(払っていないと)うるさく言われたら嫌だろ。お母さんに払わせてあげるよ」との「親切な」言葉。そこで、現在は私も払うようになりました。あまりに不勉強だった私ですが、不動産に関して、やっと基本的な知識を身に付けることができました。遅すぎる? いやいや、何ごとも今日が残りの人生で一番早い日です。

家を買うには、販売価格以外にも意外とお金がかかる

My values 33

「自分が死んだ後」相続税で考えるべきこと

クラシックな玄関の照明

家を購入するにあたり、相続税に関しても少し考えてみました。ローンを組めるほどの収入ではなかったので、私一人では買えません。息子と共同名義にしたのはそのためですが、いくらかは私が息子に贈与する形になっています。家屋の値段が2千万程度、贈与と言ってもわずかです。

贈与税については、「住宅取得等資金の贈与の特例」との制度があるというのを知りました。これはマイホームの購入や新築、増築資金を父母や祖父母が贈与した場合、最大1千万円まで非課税になる制度です。非課税になるためには、以下を満たしていることが条件です。

・贈与があった年の1月1日において、受贈者が18歳以上である
・直系尊属（父母や祖父母）から直系卑属（子供や孫）への贈与である
・贈与があった年の受贈者の合計所得が2千万円以下である
・贈与があった年の翌年2月1日から3月15日までに贈与税を申告しなくてはいけない
・贈与税の申告期限までに住宅を購入し、その翌年の12月31日までに居住しなければ

ばいけない

この制度を利用すれば、5百万から1千万円援助を受けても税金がかかりません
し、夫婦で利用する場合、それぞれの需給も可能だとのことです。対象の住宅にも
細かな条件があります。（国税庁　https://www.nta.go.jp/taxes/shiraberu/taxanswer/so
zoku/4508.htm）

もう一つは「相続時精算課税制度」。こちらは父母または祖父母（60歳以上）か
ら18歳以上の子、孫への生前贈与について利用できる制度です。贈与する人ごとに
2千5百万円の特別控除があり、限度額に達するまで何回でも控除することができ
ることが特徴です。つまり2，500万円までの贈与には贈与税がかからないこと
になります。ただし、相続時精算課税制度を利用した場合、贈与税の基礎控除（1
10万円）の利用はできません。贈与額が2千5百万円を超えた場合には、超えた
額に対して一律20％の贈与税が課税されますが、相続時に相続税額から差し引かれ、
相続税額が少ない場合は差額が還付されます。つまり親が死んでも相続する財産が
少ない場合は払う必要がなくなります。（国税庁　https://www.nta.go.jp/taxes/shirabe

ru/taxanswer/sozoku/4103.htm)

この二つは申告が必要だそうで、息子は「面倒くさかった」と後で言っていました。「お母さんに話しても、よく分からないと思ったし、説明が面倒だから言わなかった」と。たしかに。

死後、残された家族にとって相続の手続きはものすごく煩雑、早めに対処をお勧めします。今の40代、50代には就職氷河期に該当する方もいて、親のほうがお金を持っているとのケースもあります。その場合、臆せず親からの「生前贈与」を受けるのも一つの方法です。相続税に関して関心のある人は国税庁のサイトをチェックしてみてください。

相続税の手続きは「死ぬ前」に考えるのが得策

Column

紫苑の節約ことば④

物欲とものは持てば持つほど増えていく

不思議なことに「物欲」と「モノ」は、持てば持つほど「もっと欲しい」「これでは足りない」と増長していきます。かつて「きもの」にハマり、日々ネットで買いまくっていましたが、買えば買うほど、違う品が欲しくなったものです。その結果、わが家はきものの海と化し、大波小波にときには溺れそうにもなったり。

思うに、その理由は、あるものを買ったとしても、「これは私のためにあるのね」「理想の私になれたわ」とはならず、「いや、違う」と、もっと似合うものがあるはずだと「追求」することになるせいではないかと思います。

完璧主義だから、そうなるわけではなく、あるものを手に入れようと思うときには、だれでも脳の中で、それが自分のものになったときの状態を、楽観的、よき方向に思い描きます。ところが実際に手に入れたとき、「あれっ？　違うじゃない」と理想と現実のギャップにがっかりします。せっかくお金を出して買ったのだから、がっかりしたくない。この部分だけが違えば理想になるはずだと、それならこの部分が合うものを探そう。どこかに理想のものはあるはずだと、失望すればするほど際限なくハマっていくのではないのでしょうか。

作家の向田邦子さんのエッセイに「手袋をさがす」という佳作があります（『夜中の薔薇』講談社）。彼女は何年も、気に入った手袋が見つからず、手袋なしで過ごしたといいます。エアコンなどなかった時代のことです。当時は手袋だって、それほど安くはなかった。それくらいストイックに自分に合うものでないと身に着けなかったんですね。

こだわって買ったものは、少しくらい高くても暮らしに満足を与えてくれます。しかしそれ以外のものは「買わない！」くらいの気持ちを持ち、まずは家にあるものを見直す。すでに持っているものを確認することで、所有欲を満足させましょう。

身体 — 第5章

健康はお金の不安を吹き飛ばす最強の節約

2023年1月

食費	10597円
水道・光熱費	12647円
通信費	8510円
特別な出費（保険、NHK受信料など）	10000円
交通費	2000円
✓医療・健康維持費	1650円
書籍代	1500円
日用品・娯楽・DIY費	1000円
合計	47904円

CONVERSE

My values 34

健康のお値段は 先に行くほど 高くなる

毎日上り下りする土手の階段。散歩は筋トレも一緒にやる

節約生活を始めて、今こそ健康になりましたが、前はさまざまな病気にかかっていました。胃腸は弱く、低血圧で朝に弱い。「今にも倒れそうだ」とよく言われたものです。

厚生労働省によると、一生涯にかかる医療費は男性が2691万円。女性は2892万円となっています（厚生労働省／生涯医療費／令和元年度 https://www.mhlw.go.jp/content/shougai_r01.pdf）。女性のほうが多いのは、それだけ平均寿命が長いせいでしょう。そのうち半分以上が70歳以上で使われるとのことです。その金額は認知症になると1・4倍になるといいます。

日頃の節約も、病気になると一挙に吹っ飛びます。それを避けるためにも、いえ、その前に病気になると生活自体が大きく変わります。それは年齢を問わず同じです。

乳がん、歯周病、白内障……。私自身がこれまでにかかった病気です。歯と白内障については、今も病院に通っています。だんだん見えづらくなっているので、早く手術してほしいのですが、「視力はまだいいので、もう少し進んだら」と医師に言われて、今は待ちの状態です。

病気になり体調を崩すと毎日の生活はとたんに辛く苦しいものになります。病院に行くだけで一日仕事です。身体を動かすことが億劫になり、生活の質は下がり、家族に心配、負担をかけることに……。もちろん出費も増えますので、経済的負担も少なくありません。若いうちは、多少体調が崩れても持ち直すのは早い。そのため実際に大きな病気になるまで身体のことは放ったらかし。それが私でした。元気なときには、自分が病気になるとは思いもしません。そのため無理をして、ストレスを溜め、ある日、気がつくとあちこち悪くなっていたのです。

40代を仕事人間として過ごしてきた私。

「働いて、働いて、ようやくここまで来たけれど、働くだけが人生か?」(91年・大鵬薬品工業のCM)

忙しさのため、故郷から母親に来てもらい、子どもを見てもらっていたとき、私の多忙ぶりを見た母が、このセリフをことあるごとにつぶやいていたことを思い出します。仕事ばかりしている私に、「もう少しゆっくりすれば」と言いたいけれど、反発するだろう娘に、CMの言葉を借りて伝えていたと今になって分かります。

子どもの受験と家庭で多忙を極め、乳がんに気づかないまま逝った知人は「家族のためだと思って頑張ってきたけれど、私が病気になって一番困るのは家族だった。もっと自分を大切にすれば良かった」と涙ながらに語っていました。

今健康な人は、それを維持、悪いところのある人はそれを治すことに尽力してほしい。少し自分に気を使うだけで、身体はよい方向に動き出すものです。

働き盛りは病気を見逃す時期。自分にもいたわりを

My values 35

生命保険は死ぬほうに掛ける宝くじ

財布に入れるMAXは8000円

生命保険は入ったほうがいいのか、入らなくてもいいのか。お金関係の本には、こんな話題がよく載っています。私は「月5万円で暮らす」という事態になったとき、毎月払っていた保険1万5千円を解約しました。支出のなかでは一番大きい金額だったからです。60歳までは毎月2万5千円、還暦時にこの金額に変更しました。保険の契約内容は病気保証もついていて、80歳まで払えば、後は払う必要はなく、死亡時に5百万円出る契約でした。

死んだ後も、葬式やお墓などでお金はかかります。一般的には、葬儀・お墓は3百万、遺品整理にも10万から50万と言われています。現代では葬儀も多様化してきていますから、一般葬ではなく、親族だけで行う家族葬、通夜を行わない一日葬、お通夜や葬儀・告別式は行わず火葬のみの直葬・火葬式などもあります。お墓に関しても、最近は特定の樹木の下に遺骨を埋めて供養する樹木葬や遺骨をまいて供養する散骨などもあります。

私自身の葬儀、墓については樹木葬がいいと一度見学に行きました。両親の墓は地方にあり、子どもたちも私もお参りに行くにも一苦労。私は簡素な葬儀とお墓が希望。すでに申し込んだという知人もいて、私もそろそろだわと息子に話すと、そんな話はまだしたくないのか、近郊に新しい墓を建てたいのか「ちょっと待って」との返事で今は保留中です。いずれにせよ、葬儀などで合わせて5百万円くらいはかかります。そのくらいは子どもたちに残したいと思っています。

そんな「死後の経費」を考慮した上で、保険は継続か解約か、かなり悩みました。解約に当たり、まず計算してみたところ、80歳まで払うとして1・5×12×11＝198万円（69歳当時）です。これなら5百万もらったほうが得という計算になりますが、解約時に入るお金が3百万とちょっと。これを合わせるとおよそ498万円とトントンですが、手元に3百万があり、毎月保険料を払わないのは気持ちの安心につながると、解約に踏み切りました。

生命保険については何かあったときに不安という人や、ずっと払っているのに今さらの解約は「損する」とためらう人も多いと思います。これまでの払いが無駄になる。これはコンコルド効果といって、それまでの蓄積を惜しみ、損と分かっても続けることです。コンコルドとは仏米で共同開発されていた旅客機ですが、赤字になると分かっていながら、今さら中止することができずに継続し、ついに倒産したことから来ています。

「病気や死んだときを考えたら怖い」という方は多いようです。「確率が低くても、可能性はある」といった気持ちかと思いますが、これって宝くじに似ているような気がします。どんなに確率が低くても、買わないと当たらない。死亡保険に入る人と宝くじを買う人は、同じ発想で行動している人かもしれません。私の娘も解約組です。お金の勉強をし始め、一家の高額医療費限度額を調べた上で、安い掛け捨てに変更しました。生命保険分は、もちろん先のために貯金に回すそうですが、健康的な生活を続ければ、病気の確率は減っていきます。すべては確率の問題ですが、当たり前に払っていたお金も、残りの人生とのバランスで決めていくことが重要かと思います。

自分の高額医療費限度額と健康状態をチェックして判断

My values 36

生命保険の損得勘定を見抜く

2階の作業用に購入したポットは大きすぎて失敗。ひとり暮らしは小は大を兼ねる？

シングルマザーとして、二人の子どもを育てていたので、私が死んだら、残された子どもは路頭に迷う。その際少しでもお金があれば他のことはさておき、救いになるかも。生命保険はそんな思いもあって入ったものです。

自分の健康状態と経済状況で解約したときに、これまでどのくらい払ったのだろうかと計算してみました。当時の保険料金は毎月2万5千円。これを12カ月、35年続けたので保険総額は2・5万×12×35年＝1050万。60歳からは1万5千となったため、1・5万×12×9年＝162万円。合わせると1212万円です。支給された保険料は乳がん手術のときの80万円のみ。その差額、1132万円です。解約したとき300万円戻ってきたので、実際に払ったお金は832万円。

息子にちょっと愚痴ると、

「～それはしょうがないね。保険って、いざというときのためにあるものだから」

たしかに生命保険を受け取る子どもからすると、私が死亡した場合、払ってもらっていたほうが安心です。払う側の私は、保険にかける分を年金にまわしたほうが良かったかなと思わないでもないですが、当時は年金の知識もなかった。保険に入らなかった分のお金は不明金として消えていたでしょうから、まあ良かったかなと思います。

さて多くの専門家は「生命保険は原則入らない」としています。経済評論家の山崎元さんは、「民間の保険は、そこで働いている人の給料も入っていて、それだけ高い。死ぬ確率はかなり低く、万が一のことがあっても、その分を貯金しておいたほうがいい」と言い切っています（『お金に強くなる！』山崎元著／ディスカヴァー・トゥエンティワン）。

どうしても不安なら、次の選択肢があるそうです。

① 掛け捨ての死亡保障の定期保険、特約のないシンプルなものにする

「掛け捨て」ではなく、返戻金のあるタイプは保険料の一部が積み立てになっていて、いざお金を受け取る場合もさまざまな制約があり、自由にならない。保険に貯蓄の機能を期待するのはやめたほうがいい。

② 入るなら死亡保障のみのネット保険にする

保険は、支払う金額のうち、会社の取り分が開示されてないので、保険料のうちの受け取る側と会社の取り分の割合が不明確。一般的には2割から5割が会社側の取り分となっているので、ネット保険のほうがお得とのこと。

基本は健康保険、高額医療費制度で対処して、万が一の場合は貯金などで対応する。私の今の状況ではそれが正解かなと思っています。

サブスクも生命保険もコンコルド効果にご用心

My values 37

検診料は安心料。「まさか」はいつでもやってくる

人生の時間は巻き戻せない。だから自分の身体は自分でケアする

私の人生で一番大きな病気は、50歳を前に見つかった乳がんです。

同年代の知人に同じ病気が見つかり、心配になったため乳がん検診を受けたのです。当時の検診費用が10万円、私には大きい金額でしたが、両親ともに70代、80代のときにがんで死んでいますので、万が一のことがあれば子どもたちが心配、と考えて安心料として検診を受けました。

それがまさかのドンピシャ。右側の乳房でした。ステージⅠだったのは不幸中の幸いです。

私のケースは乳腺の周りに小さな癌細胞が散らばっている浸潤《しんじゅん》性のがん。一部を切り取るだけとはいかず、乳腺を含めて全部を切り取ることになると医師は言いました。

全摘出。かなり迷いました。

「こういうがんはどのくらい速さで進行するのか分からない。10年経っても、今と変わらない可能性もあり、2、3年で進行するかもしれない」

という医師の言葉に、

「10年経っても変わらないかもしれない」

「検診を受けなければ、知らずにそのまま10年、何ごともないまま過ごしていたかもしれない」

と儚《はかな》い希望のような感情を抱いたからです。

しかしセカンドオピニオンとして他の医療機関に相談したところ、

「あなた、乳がんが初期で見つかったのは幸運と思わなきゃ。見つかったのに、手術しないという選択肢はないわよ」

という叱責とも慰めとも取れる言葉に押され、知人が通っていたがんセンターの医師を紹介してもらいました。何度か診断を受け、結局は手術することとなりました。

病室は6人部屋で、昼間はみんなの「乳がん談義」に花が咲く、まるで女子校のような雰囲気でした。乳房温存したものの、再発して再度の手術をすることになった人、まだ若く、幼い子ども二人と夫が見舞いに来ている人もいました。みんな、乳がんになったというのに、こんなに明るいのかと驚き、励まされたものです。

しかしその明るさも夜になると一変します。

私の隣のベッドは30代後半の女性でした。彼女も昼間は笑顔を見せたりするのですが、夜中になるとカーテンを隔てただけのベッドから、嗚咽《おえつ》が聞こえてきます。

彼女は「おかしい」と感じながらも、仕事が忙しいことや乳房がなくなるとの恐れとで病院に行くのを先伸ばし、ようやく決心したときには「最終ステージ」まで進行していたのです。後悔と絶望とが夜になると押し寄せるのか、カーテンを通して響いてくる押し殺した嗚咽、号泣は、辛く悲しく胸を締め付けられる思いでした。


現在では乳がん検診も頻繁で、女性の意識も高く、早期発見、完治の確率は高くなっています。繰り返しますが、女盛りの40代は忙しい盛り。それでも安心のための検診と思えば、時間もお金も高くはありません。

乳房は女の証し～ためらいが手遅れになることも

My values 38

医療制度に救われた乳がん治療

拾った落ち葉を窓のデコレーションに。部屋の中でも季節を感じて

乳がんで入院したときには、上の子が高校2年、下の子が高校に入ったばかりでした。1週間とはいえ、子どもたちだけで過ごすのは初めての経験でした。

手術日には家族立ち合いが必要なため、二人で来てくれました。手術が無事に終わったものの、麻酔のため全身が痺《しび》れています。全身麻酔、手足も痺れて感覚がありません。意識はあるのに身体は動かないことがこんなに辛いとは思いもしませんでした。痺れのなかで目を覚まし、子どもたちの心配そうな表情を目にするものの、動けない。

「痺れて、動けない、辛い」と呟くと、息子が私の腕や手を静かに摩《さす》り始めてくれました。掌から手首に、腕を、息子の温かい掌がゆっくりと動いていきます。感覚はないながら、息子の掌の温もりだけは伝わってきました。伝わってくるような気がしました。そして手を摩ってもらうことがこんなに気持ちがいいとは初めて知りました。

「あのとき、手を摩ってくれたよね。生き返る心地がした」

と後で（だいぶ時は経ていましたが）言ったら、照れもあってか、

「もう必死だった。今死なれたら困る、今死なれたらどうしようと必死だった」と息子。サッカーのプロを目指していた彼が、挫折を経て進学に変更したばかりの頃で、単語帳を持っての見舞いでした。受験と母の病気と。どんなに不安だったことでしょう。

母子家庭ですので、私は「ひとり親家庭等医療費助成制度」を申告していました。子どもが18歳になるまで、児童とその児童を監護するものの医療費が全額免除になる制度です。

制度は申告制、つまり自分で公的機関に赴き手続きをする必要があります。ためらいがあるため、仕事を休んでまで申請に行くことに心理的な抵抗を感じる人もいるかもしれません。申告に行くのは一度で済み、窓口の方はそのためにいるので、心理的なハードルは低いのですが、実際に病院で受診となると、私自身、初めてのときには抵抗がありました。受付の方のわずかな躊躇《ちゅうちょ》といった動きを敏感に受け取っていたせいです。自分自身の「引け目」がそう感じさせたのですね。

この制度のお陰で助かったことは多く、子どもたちは幸い、大きな病気をすることはありませんでしたが、二人とも運動系のクラブに入っていたのでよく怪我をしていました。私の乳がん手術代80万円も無料でした。食事代などの料金は別です。同時に前述したように医療費付きの保険に入っていたので、保険会社からも同じくらいのお金が銀行に振り込まれました。がんは遺伝性ともいわれ、ストレスが引き金になることも多いとか。遺伝を心配して、娘は毎年がん検診を受けています。

一人親家庭は公的援助をどんどん利用しよう

My values 39

一般人も歯が命。歯は乳がんよりも辛かった

気を使う歯の健康。毎日の歯磨きも念入りに

健康に関することで、一番大きなお金を使ったのは歯に関する費用です。

今年のお正月に自家製パン焼き器でお餅を作り、あまりに美味しいのでいろいろ作って食べていたら、30年くらい前に作った歯のブリッジが外れてしまいました。餅には強い粘着力があるので、差し歯やブリッジ、詰め物をしている場合は要注意だとか。慌てて歯科医に駆け込み、新しいブリッジを作ることになったのですが、急なことなので仮り歯を作る時間がなく、しばらくその部分には歯がないままに食事していました。肩は凝る、首は痛くなる、ご飯がちゃんと食べられずで、2、3日は苦労しました。

歯の不調が出るたびに、苦しい思いを何度も経験してきました。

40代の頃には、忙しさのせいで、ある暑い日、歯茎がいきなり腫れ、やはり歯医者に駆け込みました。そう、今回外れたのはそのとき作ったブリッジ。あれから30年、よく頑張ってくれたもんだ。そのときは、なぜか保険適用ではなく、20万円くらい払った記憶がありますが、今回は保険適用で1万5千円でした。

「どんな哲学者でも歯の痛みには我慢できない」と言ったのはシェークスピアだっ

たでしょうか。とにかく、歯の不調に陥ると何もやる気が起きません。

しっかり嚙めないので胃腸の調子が悪くなる、また高齢者には認知症発生の引き金になることもあるとの研究もあります。「認知症の疑いあり」と診断された人は残っている歯が9・4本。健康な人は平均14・9本残っているそうです。今、残っている歯は～～ええと、何本でしょうか。

ある程度歳を重ねたら避けることができない歯周病。日本人の60％がかかっているとか。この歯周病患者の歯茎から血液を通じて菌が脳内に侵入するケースもあるそう。私はブリッジだけではなく、奥歯のほとんどは差し歯やインプラントです。インプラントは乳がんと同じ頃、やはり歯の不調に悩まされ、乳がんと歯痛のダブル攻撃に遭遇。どちらが辛いかというと歯でした。乳がんは初期には自覚症状がなく、発見が遅れるのがそのせいです。

今は毎月歯のメンテナンスに通っています。毎月700円。年にしても1万円弱。これまでの歯科費用、インプラントも含めて～250万円くらいでしょうか。朝晩、しっかり歯を磨く。平凡なことですが、大切な習慣です。特に朝の歯磨きは、夜寝ている間に身体の活動が止まるため唾液が出ないので、ばい菌がここぞとばかりに増えるとのことです。唾液には殺菌作用があるんですね。

歯に関しても後悔することが多いです。これはきちんと磨く。どんなに磨いても取れない歯垢《しこう》はあるので、1カ月、2カ月、間隔をあけて、歯のメンテナンスに行く。これで解決するはず！

地道が王道。地道しかない歯のメンテナンス

人は冬に歳を取る。先端から忍び込む加齢現象の防ぎ方

冬は冷え予防のための湯たんぽが大活躍

この家に越してもっとも辛いのは寒さでした。一軒家、通気性がいいというと聞こえはいいのですが、各部屋に窓が二つある上、床からもしんしんと寒気が襲ってきます。天気のいい冬の日は外のほうが暖かいくらいです。エアコンはリビングだけ。それも当初はあまり使わないこともありました。はい、電気代節約のためです。

あまりに寒い日は外に出て歩いたり、階段の上り下り、帰ってからは掃除洗濯とにかく身体を動かす。動きを止め、食事やデスクに向かったとたん、待ってましたとばかりに寒さは襲ってきます。膝に電気毛布、肩にはショールと防衛するものの、冷たさは指や足先から這《は》いあがってきます。

そう、寒さは先端から身体に忍びこんできます。足先の温度は、身体の中心部、お腹あたりより、3度くらい低いそうです。この3度が命取り、ならぬ「歳を取る」原因になるのか、冬は身体から若さを奪う。

その証しに、私は昨年（2021年）の冬にレイノー現象なるものに悩まされました。

湯船につかると、身体の他の部分は血の巡りが良くなるのに、指先だけには血が通わないのか真っ白に。驚きました。朝、目が覚めてからも、手の指が痺れ、固まっています。「歳を取った！」と実感した瞬間です。

歳を感じたことは、それまであまりなかったのですが、そのときばかりは、指先だけではなく、頭のなかも真っ白。

人は、指先、足先といった身体の先端部分から歳を取るようです。

それならば、先端から「若さを奪う悪魔」を侵入させないため、策を練るしかありません。指先をもう一方の手で強く揉む、ついでに掌もマッサージ。指先が冷たいと感じたら「手湯」。お湯に手を浸し、指先を温めます。足先は、厚めのソックスとルームシューズ、机に座っても、意識して指を動かします。

身体の中心には大切な臓器が収まっているので、こちらも冷やさないように腹巻、日中座っているときでも湯たんぽを膝に置いていることもありました。ベッドに湯たんぽは当然、喉が渇いたら白湯《さゆ》もお忘れなく。

敵は、いつの世も？　先端から襲ってくるようです。「先端防衛法」でしっかり守り切れば、敵は防げる。春、少し暖かくなり、指先のレイノー現象もいつの間にか退いていました。ただし、この現象には膠原病《こうげん》などの病気が隠れていることがあるそうですので、心配な方は病院に行ってください。

歳を重ねることは、あちこちに痛みが出たり、パワーがなくなったりとマイナス要因は増える負け戦続き。それでも、そのマイナスに早めに気づき防衛する。

昨年の経験から、今年（2022～23年）はエアコンは20度設定ながら、朝から夕方までつけていました。もちろん指先マッサージといった基本は実行。電気代高騰の影響もあり、昨年より電気代は3千円アップ。それでも作業能率もアップして快適。手足の指先も痺れはありませんでした。一日100円の快適、防衛費です。

やせ我慢はシニアには禁物、負け戦も快適に乗り切ろう

Column

紫苑の節約ことば⑤

比べる場所には行かない

どんな恵まれた人でも、人と自分を比べてめげたり、落ち込むときはあると思います。これさえなければ、多くの人は「幸せ」でいられるのにと思うことさえあります。年金5万円で暮らし始めて、「モノ」は買えなくても、家にいるときには、「人がみなわれより金持ちに見える」ことはありません。日々の暮らしにいっぱいで、そんな余裕もない。

それでもときどき、「あっ、しまった」「来るんじゃなかった」と一瞬後悔する場所や時間があります。それは土曜日のスーパーと夕方のデパ地下です。大勢の人が1週間分の食料をカートに山盛りにしている。デパ地下では「高級食料」をやはり次々と買っていく人で混んでいます。「すごいな、私の1カ月分以上の食費だ」と少しはめげます。

自分では食べ切れないのに、特に食べたい、美味しいとは思わないのに、「人が何のためらいもなく買っている」「買える」との現実に、少しへこむのでしょう。

「友がみなわれよりえらくみゆる日よ、花を買ひ来て妻と親しむ」

明治時代の詩人石川啄木は、こんな詩を書いています。どんな恵まれた人でも、特定の場所に居合わせることで、相手が自分より高い場所にいると思える、見えることはあります。自分のやっていることがつまらなく思え、友だちがみな立派に見える、そんな日は花を買って妻と一緒に眺めよう。啄木には一緒に眺める人がいましたが、そんな人もいず、一人ぼっちの人もいます。

だれしもが、ある瞬間にはそんなわびしい気持ちになり、淋しい思いを抱くことはあるでしょう。それを避ける方法は……、そんな場所には行かない（笑）。そしてそんな気持ちになることがあると、啄木のこの詩を思い出す。

「友がみなわれよりえらくみゆる日」はとつぶやきながら、さっさと家に帰って美味しいものでも食べましょう。

「節約」以前ー第6章

フリーランス×シングルマザーという不安の掛け算

若さとは無知と身の程知らずの別名なのか

この章では私がお金に向き合う以前、つまり「節約前」の人生を振り返ってみたいと思います。人生お金だけではありません。しかし、今振り返るとお金に無知だったために、多くの失敗を重ねてきました。「節約生活」で得たのは意外にも「人生で一番の幸せ」でした。ここに至るまでには無知と身の程知らずなために多くの「しくじり」を繰り返してきた気がします。この章では「年金5万円」に至る道筋を、「しくじり先生」並みにたどってみたいと思います。

私はシングルマザーとして二人の子を育ててきました。一人目は35歳のとき、二人目は38歳、高齢出産でした。子どもがまだ小さいころ相方とは別れてしまいましたが、当時は日本経済も勢いがあった頃。フリーランスとして仕事する場の雑誌も多く、経済的に大変だと思った覚えはありませんが、これは人生の最終コーナーになって「無知」のなせる業《わざ》だったと思い知ることになります。

当時は国民年金もまだ義務ではなく（義務化は1991年以降）、シングルマザーとしては目先の暮らしに精一杯、先々のことまで考える余裕はありませんでしたが、公的援助にはだいぶ助けられてきました。

大学卒業して最初の就職先は地方の新聞社でした。その東京支社ということで、当時は待遇も良かったと今にして思います。給料はそれほど高かったわけではないのですが、ボーナスが良かった。こんな額なら辞めても数カ月は何もしないで暮らせるなと喜んだのを覚えています。

そんな待遇も申し分ない会社を辞めたのは、職場があまりに「天国」で楽過ぎたからです。今と違って男女雇用均等法もまだできていない時代。新聞社という男性社会での女性は「お客さん」扱いだったのか、ほとんど仕事は任されませんでした。あまり望まない仕事でも我慢し、自分の能力を上げ、他の部署への異動願いを出すなどの方法も、今なら思いつくのですが、当時はそんな作戦を考える頭もなく、また若さゆえの焦りもあったと思います。日ごろの鬱積が溜まっていたのか。ボーナスで「大金」が入ったのを機に辞表を出してしまいました。

ここからが、私の山あり谷あり「年金5万円」へ至る仕事人生が始まるのですが、不安も気負いもなく、仕事ならいくらでもあるだろうと高をくくっていました。そんな浅はかな能天気ぶりは、すぐに「やばい」にとって変わりました。「勘違い」人生の始まり、最初のつまずきでした。

「先」の安定よりも「今」を生きて年金につまずいた

会社勤めの時には、厚生年金に入っていました。辞めて貯金がだんだん少なくなっていった頃、この年金の蓄えがあることを知った私は目先のお金が欲しく、厚生年金を解約してしまいます。今は解約できない仕組みですが、当時はそれができたわけです。それはさておき次々と就職先を探し応募するのですが、受けるはしから落ちてしまいます。多いはずだった貯金がどんどん減っていきます。で、どうしたか？学生時代からの憧れだった書店でのバイト、パートに応募しました。パートだったせいか、ここにはすぐに採用され、少ないとはいえお金が入ってくる生活は安心でき、ほっと一息つくことができました。

朝10時から午後3時まで。その間に昼休憩が1時間。そのときは知らなったのですが、ここには厚生年金制度と健康保険がついていました。これは何十年後か、年金を頂く頃になったときに初めて知り、大いに助かりました。最初の会社の年金は解約していますから、これがなかったら5万円より少なかったわけです。書店のパート代は月に6、7万円程度でしょうか。食堂があるので昼食代はいらない。パートが終わったら、近くのカフェ、当時は喫茶店で本を読みながら休憩。家賃が2万円程度、少ない収入ながら、好きな本と同年代の仲間と過ごす時間は楽しく、あっという間でした。

この書店にずっといたい、働く時間を増やしてもらおうかと思い始めたとき、元いた新聞社の上司から「うちでまた仕事をしてみないか」とのお誘い。再び同じ会社で、今度は「フリーランス」の立場での仕事が始まりました。

フリーランスの仕事は私に合っていたようです。なにしろ、今度は上司からの指令ではなく、「こんなことがやりたい」と自分で企画を立て、取材に行き、記事を書くわけですから。

企画を立て、次々と仕事をやっていき、社員時代の給料より多かった月もありました。社員には年金、保険があるのでフリーのギャラはそのまま喜ぶことではなかったのですが。これに対しある経済評論家は、年金分を減らした額を収入と捉え、貯金するのが「正しいフリー道」といっています。もちろんそんな「正しさ」を当時は知る由もなく、「フリーのほうがギャラがいいのね」などと無邪気に喜んでいました。ここでもまだ義務ではなかった年金は、払っていませんでした。

仕事がお金に直結する快感を得るに加え、その当時知り合った人と一緒になり、子どもまで授かることになりましたが、結局、別れることになってしまいました。若かった私には「事情があるため、別れても養育費はなく……」という状態にも悲壮感はありません。学生運動が盛んな時期の「先の安定ばかりを考えて、今を生きないのは怠惰だ」などという考えの影響を受けていた私は、「養ってもらわなくてもやっていけるわ」と強気と負け惜しみが五分五分な気持ちでした。それが勘違いだと知ったのはその後、何年も経ってからでしょうか。

友人と作った会社を突然解雇？

子どもが生まれてからしばらくは仕事からは遠ざかっていましたが、雑誌のインタビューものが続いていたのは幸いでした。ライターの仕事は「切られたら終わり」。そんな不安定さでは子ども二人を育てるのは難しいと思い、何か手に職をつけようかと、介護の講習を受けたこともあります。

そんなとき知人から「編集プロダクションを作るけど、一緒にやらない？」との話がきました。渡りに船とはこのことです。なぜか困ったときに、この「船」がやってきます。編集プロダクションは女性ばかり4、5人が参加。1人では取れない大きな仕事も、後ろに人がいれば請け負うことができます。加えて1人では心もとないフリーランスという立場も、仲間がいると思えば心強い。声かけしてくれた女性が、いくつかの仕事を抱えていたので、後は皆で資金を出し合い小さな事務所を借りスタートを切りました。

ギャラは毎月入ってくるお金をある程度「平等」に分け合う。仕事を取ってきた人はその分多めにというのがおおざっぱな決まりでした。加えて、「編プロ」に参加する前の仕事は入れなくてよい、自分の仕事として続けてＯＫ。これは、子どもを抱えている身には、助かりました。毎月決まった額が入ってくるわけですから。

何年かするとバイトを雇えるほど順調になりましたが、徐々にこのおおざっぱなルールへの不満、そして人間関係のトラブルが重なって雲行きは怪しくなっていました。

大きな仕事を取って、「いい気」になっていた私は、子どもが小さかったこともあり、事務所にもあまり行かなくなりました。そんなある日、いきなり「もう来なくていい」と宣告されてしまったのです。青天の霹靂《へきれき》とはこのこと。あまりの驚きは人の感情を凍結させるのか、「ふ〜〜ん、そういうことするんだ、できるんだ」と冷静に対応していました。事務所を出てしばらく歩いているうちに、その意味が分かってきて頭の中は真っ白。それこそ立っている場所が沈んでいくような、目の前が真っ暗になっていきました。当然これからは毎月お金が入ってこない。二人の子どもを抱えてどうするのという現実が押し寄せてきたわけです。喪失感と不安、というより恐怖で、1週間で体重が5キロも減ってしまったことを苦く思い出します。仕事を探すには遅すぎる44歳という年齢。当時30歳を過ぎたら仕事はないと言われていた時代です。子どもはまだ小学生低学年でした。

母の不安は子どもに伝染する

この時の私の動揺は、子どもたちにも大きな不安を与えていたようです。

学校から帰ると、母親はいつも受話器を握ってだれかと話している。このときは、だれかに話さないとおかしくなりそうで、毎日のように電話をしていました。

子どもは親の感情に敏感です。まして、守ってくれる存在は母親だけ。その母親の声や身振りから不穏な空気が伝わってきます。いつもはおやつを食べるとすぐに遊びに行く子どもが、電話している私のそばを離れません。「どうしたの？」と聞いても黙って身体を密着させ、私の手を強く握り締めています。異常事態を察し、母親までいなくならないよう、しっかりと手でつなぎ止めようとしていたのでしょうか。自分のことでいっぱいいっぱいで、子どもの気持ちを思いやることもできなかった私。今思い出しても胸が締め付けられる思いです。

その後、業界紙を発行していた会社に採用され、2年くらい勤めた後、またフリーランスに戻りました。会社とは別にやっていた仕事が当たり、次々と仕事が舞い込んできたからです。

「辞めたら、健康保険も厚生年金もなくなるんですよ」

総務の人にこう言われましたが、健康保険はともかく、ここでも「厚生年金」に関して興味はなく素通り。46歳くらいでしたが、年金のことは頭の片隅にさえありませんでした。

再びフリーランスのライターとして仕事をする中、ヒットに恵まれ、「分不相応」なマンションに引っ越しました。しかし、持ち慣れないお金が入ることもまた不安を呼ぶのか、そのお金を「投資」し、大きな損をすることになります。「投資」もお金を増やしたいという冷静さより「持っているのに使わないのはおろか」と思い込んでいたのです。

あまりにお金がないと常に「足りない」「お金がない」「もっと欲しい」と悲しくなり、腹が立ったり、自分を惨めに感じたりしてしまいます。一方、持ちなれないお金を持つと今度は、同じようにお金が頭を占めるようになる。宝くじの当選ではないけれど、いきなり大金を持つことは重荷になることを、このときの経験で知りました。本来、お金とは持っていることを忘れるくらいがちょうどいい、と実感したのです。

株で失った大金。もっとも大切な家族からの信頼も揺らいだ

「マネーシェイム」という言葉があります。直訳すると「お金に関する羞恥心」、お金に関する誤った価値観、というところでしょうか。しかし、お金イコール自分の価値、人の価値と思い込まされてきた私たちは、なかなかそこから自由にはなれません。

「節約生活」を始めるとき、最初にぶつかったのがこの壁でした。年金5万円で生活している。この現実は、生活しているなかでは「恥ずかしく」はありません。でもそれを「公表」することはどうでしょうか。知人もいれば、家族もいる。金の多寡＝人の価値だとの常識に従うなら、私の「少ない年金」は、自分の価値を低める、恥ずかしいことになります。

ところが実際に何カ月かやってみると、それは楽しく、無理なく、むしろ工夫やアイデアが楽しいことに気づきました。少ない金額で楽しく暮らすためには、「見栄」を捨てさえすれば簡単だったのです。それが「マネーシェイム」なるものから自由になる第一歩でした。当時はそんな言葉は知りませんでしたが、だれしもが持つ、この「お金に関する屈折した考え」から自由になるのはとても難しいと思います。多くの人は「お金があったほうがいい、幸せだ」と思い、ある意味それは事実だからです。それでもいったんその考えから抜け出すと、そこには思いがけない世界が広がっていたわけです。

さて、仕事で大きく当て、持ち慣れない「大金」を私はだんだん負担に感じるようになりました。負担に感じる前に、本当はそれを頭から追い出し「放ったらかし」にしておけばいいだけのことです。「それではもったいない」との気持ちが生まれてきたのは、「お金を眠らせておくのは無駄」という「世間」から聞こえてくる大合唱でした。株のブームというか、「バスに乗り遅れるな」「お金は銀行に預けるな」

などの言説がよく耳に入るようになりました。お金に不安があるときには、聞こえもしなかった「声」「言葉」が耳に入るようになったのです。その挙げ句「お金を寝かせておくのはもったいない」との思いに取りつかれていったわけです。

「投資」についても「株」についても私にはまったく知識がありません。それゆえ証券会社の「あの企業は安定株」だ、あの企業は「面白い」などの言葉を鵜呑《うの》みにしていました。「面白い」とは証券会社の人がよく使う言葉で、「本来は勧めない、リスクがある」株でも「面白い選択です」と言い換えるわけです。これは後で、株の専門家と親しくなったときに教えてもらいました。遅いよ！

「金融業界は顧客と書いてカモと読む」という言葉は、その「専門家」の言葉です。節約生活で少しはお金の知識が増えた頃に知りました。もちろん「あとの祭り」。

そんな私に、子どもたちはまた不安を抱くことになります。今度は「お金が入り、母親は浮かれているようだ」と不安になったわけです。困った母親です。そんなとき、高校生だった息子と些細なこと？　が原因で喧嘩になりました。息子は怒り狂って、マンションの壁を拳でガンと叩き、壁に穴が空いたことがあります。「思春期」

「だれにもあること」とあまり深刻に捉えなかったのですが、息子としては「もう、あのときほど腹が立ったことはなかった」とあとで打ち明けてくれました。そんな時期が続いても、私としては「乳がんの手術のときに手を握ってくれた息子」。いつか時期が過ぎると分かってもらえるだろうと能天気に構えていました。

お金はないも地獄、あるも地獄。マネーシェイムに囚われている限り、不安や地獄はどこまでも付いてまわると思い知らされた経験でした。

子どもの教育費は一番安いルートで

子育てのなかで頭が痛いのは、子どもの反抗期とともに次第に増えていく教育費です。子どもが小中と地元の公立学校に通っているうちは、自治体支援や地域のコミュニティに助けられ、特にお金に関する悩みもなく日々を過ごしていました。しかし子どもたちが高校生になったときに、ようやく教育費の捻出という事態に陥ったのです。

子どもたち二人は経済的な理由から地元の公立へ進学してほしい。もちろんこれは親の勝手な希望です。大学の費用はどうにか算段していましたが、高校のことは頭から抜けおちていた私（汗）。中学卒業も近くなると学校の進学相談が頻繁にありました。公立一択と思っていた私でしたが、有名私立へ進学する子どもも多い地区だったためか、教師からも私立への進学を勧められていました。「公立に行ったら大学は浪人することになります」と。当時、公立高校からは大学に行けないとまで言われていました。

私立に行くと、月謝だけでも高い。交通費、小遣いなどを加えたら出費はかなり増えます。義務教育である中学まではなんとかやっていけても、高校、大学となると悩むことになるのはシングルマザーの常です。経済格差はまさに教育格差です。だからといって、「公立に行って」とは言えません。子どもたちは大金が入り高層マンションにまで引っ越した親にお金がないとは思いもしなかったのではないでしょうか。私は「公立に行けば」と喉元まで出かかった一言をぐっと抑えていました。

それを言うとマンションの壁を壊すくらいでは済まないだろうと予想したからです。しかし息子は、中学卒業と当時にサッカークラブの試験に受かりプロになる気満々、そのことで頭がいっぱいの様子です。私立の高校に行けば勉強が忙しく、クラブに行く時間がなくなると考えたらしく、「公立に行って、大学に行くなら浪人する」と、いう決断をしました。娘も、いくつかの私立を受け合格はしたものの、「女の子ばかりの学校に行っても楽しくないなあ」と公立志願。子ども自らの志願で大いに助かりました。

「普通」の家庭を望む子どもたち

貧しさには「絶対貧困」と「相対貧困」があります。「絶対貧困」とは途上国のように今日食べるにも困る貧困、「相対貧困」とは「周りと比較して自分は貧しい」と感じる貧困です。

日本では「絶対貧困」はないことになっています。公的援助や生活保護などの制度があるからです。

では「飢えない」から恵まれているかというと、決してそんなことはなく、「相対貧困」を感じさせるシーンは結構あります。周りが豊かであれば、それだけへこみを感じることは多く、それが多くの問題を起こしているのが現実ではないでしょうか。

子どもは日ごろの生活のなかで、最初は漠然と、次第にはっきりと、わが家と友だちの家の違いを知っていったようです。

親の職業、暮らし方、家にあるパソコンやゲーム機。わが家にはなく、友だちの家にはあるものはいっぱいあります。そして父親の存在……。「〇〇君のお父さんは〜〜」とよく言っているのを覚えています。

他の家庭や親と比べられるのが嫌だった私は、いつも「人と比べないの」と逃げていましたが、子どもは周りの人と自分を比べながら育つもの。良くも悪くも外からの刺激、環境でも育てられるものです。比べるのは仕方のないことだと、今では思えます。

息子は高校のときにサッカーに挫折し、母親の乳がんの手術や、雑なお金の使い方で不安に押しつぶされそうになりながら（これは後で知った話ですが）「もう生きる道は勉強しかない」といきなり猛勉強を始めるようになりました。進学塾にも行かず幸い現役で合格。入試が終わった日には、玄関に入るなり倒れるというハードさでした。

娘も推薦で私立に合格し、次なる関門は、二人の大学の入学金と授業料。住んでいた自治体には、無利子で借りることができる奨学金があり、それを利用して息子の大学初年度の入学金と授業料だけを借りました。その返済は毎年春。そのたびにお金に無頓着だった母、つまり当時の私を思い出すのか、お金の大切さを身に染みて分かるようになったと息子は言います。節約生活を始めてからはお金の心配がなくなったのは、双方にとって心休まることです。

子どもを振り回し支配しようとする
エネルギー・バンパイアだった私

「バンパイア」とは吸血鬼のことです。人の血を奪って生き延びる伝説はあまりに有名。現代のバンパイアは血液ではなく、人からエネルギーを奪います。
だれしも経験があると思います。たった一言でやる気が出たり、やる気を失ったり。心は自分が思っている以上に繊細です。その「気」が、身体にまで及び、一緒にいるとすごく疲れる、やる気をなくすという相手がたまにいるものです。それが、その人にとっての「エネルギー・バンパイア」です。

さて、親は子どもを守る存在ではありますが、ときに子どものエネルギーを奪ってしまうことがあります。そう、最近よく耳にする「毒親」です。

「子どものため」と口ではいいながら、そして自分では本気でそう思っていても、いえ本気だからこそ子どもにとってはプレッシャーになるばかり。親の言動が子どものパワーをどんどん奪っていくことがあります。奪われても、奪われているからこそ身動きできない。言葉や親から自由になれず、苦しい思いをするわけです。「毒親」とは子どものパワーを奪うエネルギー・バンパイアの別名、他人ならまだ逃げることができますが、親からは逃げられません。

一人で子どもを育てていた私は、お金がない不安や、忙しさからくる苛立《いらだ》ちを子どもにぶつけていたようです。バンパイアは自分よりパワーのない相手を見つけ、その相手にマイナスの感情、怒りや苛立ちをぶつけることで、自分はすっきり、その分、相手は負荷を負うことになります。

「子どものために」あれをしろ、これをしろと強制こそした覚えはありませんが、仕事のストレスや忙《せわ》しない日々の中で生まれるマイナス感情は、意識しないにせよ、当然子どもに向かいます。

子どもがまだ親の庇護《ひご》の範囲内にあるうちは、子どもは従順ですが、少しずつ溜まった親への不信は思春期に爆発します。幸いだったのは、わが子二人は「奪われ続ける」だけではなく、ときには猛反発、「こんな子、もういらない、家を出て！」と小学生の娘に言えば、「じゃあ、出る！」といって、ちゃっかり友だちの家にお泊まりに行って私を慌てさせたこともあります。

息子に至っても同様で、幼い頃は「マザコンになる」と心配するくらいべったりでしたが、エネルギーを奪われっぱなしでいるものかと、マンションの壁を壊したり、逆らったりしていました。二人の子どもが思春期を迎えた時期、わが家はまさに「奪う母」と「奪われまいとする子どもたち」との壮絶な戦いの場となっていました(汗)。

この「エネルギー・バンパイア」という考え方は、イエール大学のハロルド・サクストン・バー博士が提唱した「生命場」という概念だとか。すべての生物には「オーラ」というものがあり、お互いが影響し合っている、この人がバンパイアと決まっているわけではなく、お互いの相性や力関係によって変わる、と氏は言います。従順な「いい子」が長じて、抑えられていたエネルギーを爆発させて、暴力を揮《ふる》うようになる話はよく耳にします。

私の場合、子どもたちのあまりの反撃に恐れをなし、これまでの態度を反省。そして節約生活で一気に情緒が安定したのも幸いでした。

「『育ててくれてありがとう』とは言わない」

そんなダメ母ですが、人さまからは「女手一つで子どもを二人も育ててえらいね」と言われることもありました。

それに「待った！」をかけたのが、息子が結婚式を前に私に言ったこの言葉。

「お母さん、育ててくれてありがとう、とは言わないからね」

「言わないからね」と念押し。

結婚式では、子どもが親に感謝する定番があり、それが「お母さん、育ててくれてありがとう」

本音ではどうあれ、世間さまを前にそう言っておけば、人さまも安心、涙してくれる？　なのに、なのに、それを言わない宣言……。あのね、定番破りは、周りの人を戸惑わせるよ、とひそかに抗議した私。式のラスト近くには、子どもからの親への感謝の言葉があり、その言葉に涙する親とのシーンがあり、それを待ち構えている式場のカメラマン。で、わが息子、どんな言葉を言ったかというと……、

「何度も何度も絶体絶命のときがありました」

「えっっ！」

式で私はびっくり、そうなの？　編プロを追い出されどん底に突き落とされた日々に母の動揺を敏感に感じ、また乳がんになって、もしかしたら親を失うかもとの懸念、何年も夢中でやっていたサッカーを怪我でやめざるを得なくなるとの挫折、この先自分はどうなるのだろうとの窮地。親への不満と自分の将来への怖さと迷い。子どもの心は、親の懸念や将来への気がかりを、「現実」以上に、何倍もの大きさに映し出す拡大鏡です。しかし子どもからすれば、その拡大こそが「現実」。親こそ、子どもに与える影響を過少に考えているのかもしれません。「絶対絶命」という言

葉にそのときのギリギリだった心境が映し出されています。

式場でのその言葉に、親の私は涙するどころではなく、「そうだったんだ」とその当時の彼の心境を知った次第。涙を写すつもりのカメラマンは空振り。

「――それでも」と息子。「小学校から中学、高校まで何年間も、泥にまみれたサッカーシューズやソックスを毎日、毎日洗ってくれたことは忘れません」

そんなことがあったなあ。当時は練習場も芝生は少なく、汚れを落とすのは大変だった。すっかり忘れていたけど。良かった、一つでもいいことを覚えていてくれて。

「それに、さまざまな絶体絶命の後には、とてもいい人に巡り合うことができました。だからあなたの子どもで良かったです。ありがとう、お母さん」

最後はおのろけで締めた息子のスピーチ。それでもラスト、遠回りの「～ありがとう」に息子の複雑な思いを感じ、だからこそ余計に、過ぎ去った過去と当時の思いが交じり合い涙が込み上げてきた私。私もね、あなたを生んで、育てて本当に良かったよ、と。

Column

紫苑の節約ことば⑥

もったいないが積もり積もって負の遺産

「モノ」があるのが豊かと思って育った私らの世代は「もったいない」が口癖。捨てるにも大きなエネルギーがいります。手放すことに迷ったものは「迷い箱」なる箱に入れてしばらく置いておくというハウツーがあります。でもそんな「迷い箱」さえ、どんどん増えていく始末。ひと部屋全部「迷い部屋」という人もいますよね。

私は「家にあるもの」を使いリメイクしたり、昔買って手放し切れずにいる洋服をあれこれ工夫して着ていますが、それでもやはり多すぎると感じます。私自身をはじめ、多くの人が今は「持ちすぎる生活」「足りる生活」です。

ある年代になると「もったいない」は卒業いたしましょう。「自分の大切、人のごみ」という言葉もあります。「いいものだから残しておけば、家族が使うだろう」は勘違い。自分の思い出や思い入れがあるからこそ捨てられないわけです。家族にそんな思いはあるはずもありません。

「あるもので工夫する」といっても、限界はあります。これからは「あるもの使い」も厳選して、すっきりとしていきたいものです。「もったいない」との言葉に縛られ、逆に多くのものを失うこともよくありました。たとえば時間、空間、心理的な負担……。「もったいない」と「あるものを工夫」するのちょうどいいバランス、それは人生最終コーナーの課題になってきたようです。どんなものも、溜まれば溜まるほど、あとに残る家族には負担、処分するには費用も時間もかかります。残すのは現金といい思い出、知恵でいいのではないでしょうか。

あとがき

大きなお金と小さなお金の間で見えたもの

お金の話が苦手でした。

小さなお金で暮らしている身には、多くの書籍で語られている話題や投資の話は遠く、生活に寄り添うことはありませんでした。いつも小さいお金に目が行き、そのため逆に大きなお金を失ったことは本書に記したとおりです。

そんな私がお金について、こんな一冊を出すことになりました。3年前にはそれこそ考えられないことでした。

日々の暮らしのなかで、変わらず小さなお金に四苦八苦しながら、少しずつお金についての情報に目を向けるようになりました。最初は恐る恐る、手探りで暗闇を進むように一冊、一冊と、お金に関する本が棚に増えていきました。ハウツーや経済学の本だけではなく、小説やエッセイ、漫画などなど。「これはいいかも」「これはちょっとね」と、直感で選んだ本たちでしたが、情報が増えていくうちに、お金を恐れ、目を逸《そ》らしていたときとは違う風景が見え始めました。それまで見えなかった樹木や枝葉が見え始めたのです。

お金とニュートラルに冷静に向き合うとは、欲にとらわれることもなく、ないことで自分を卑下することではない。お金について知ることは、もしかしたらお金から自由になることかもしれません。

一冊目の著書『71歳、年金月5万円、あるもので工夫する楽しい節約生活』（大和書房）で節約とは頭を使う知的な作業だと書きました。そのときは感覚的、思いつきで出た一節ですが、知識が増えていくにつれ確固たるものに変わっていきました。どんな生活でもお金から完全に自由になることはできません。だからこそ、自分の「福分」を頭に置き、それを超えない暮らしを淡々と続けていく。ときには羽目を外すこともあるでしょう。いじけることや弱気になることもあるかもしれません。そんなときには日々を楽しみ、美味しいものを食べ、おしゃれして、散歩する。気分転換をして元気を取り戻せばいいことです。

最初の本を出すときには悩みました。少ない年金で暮らすことは褒められたことではもちろんないし、子どもたちも嫌がるかもしれないと思ったからです。

「どうしようか」と娘に相談すると、「お母さん、ずっと人の本を書いてきたのだから、神様が『では最後に自分の本を出させてあげるよ』とプレゼントしてくれたんじゃない」と背中を押してくれ、こう続けました。

「最後に、少しでも人の役に立つことをすればいいんじゃない」

耳が痛い一言でした。

「(本は) お母さんが死ぬまで大事に取っておいて、一緒にお棺に入れてあげるね」

とも付け加えて。

この本を書くにあたっても、悩みました。特に、個人的な部分を書くときにはかなり迷いました。こんな事実が、果たして人さまの参考になり、役に立つのかなと。それでも思い切ったのは、不安になったとき、このライン (金額) でもやっていけるらしい、と思ってくれる人がいるのだと、最初の本の反響で知ったからです。

ダメ母にもかかわらず、励まし、背中を押してくれた子どもたちにも感謝しています。お棺に入れる本がもう一冊増えることになってしまいましたが、よろしくね。
そして、娘の言葉どおり、この本が少しでも誰かの役に立ち、これからの厳しい時代を支えてくれる一冊になることを祈っています。

紫苑

紫苑（しおん）

1951年生まれ。牡羊座。地方新聞社勤務を経てフリー。2年前のコロナ禍のなか年金の少なさと向き合い、対策を考える。2020年3月から「月5万円年金生活」を実行しはじめブログにアップ。美味しく健康にいい月1万円レシピや、リメイクおしゃれ、百均DIYなど、お金を遣わなくても楽しめる工夫の数々を紹介。反響を呼び、新聞、雑誌、テレビなどでも取り上げられる。少ない年金でも安心して暮らすためのノウハウや生活スキルを知ってもらうため、日々活動している。

ブログ「ひとり紫苑・プチプラ快適な日々を工夫」https://blog.goo.ne.jp/sionnann

72歳ひとり暮らし、

「年金月5万」が教えてくれた

お金との向き合いかた40

2023年6月22日　第1刷発行

著　者　紫苑

発行者　鉄尾周一

発行所　株式会社マガジンハウス

〒104-8003

東京都中央区銀座3-13-10

書籍編集部　☎03-3545-7030

受注センター　☎049-275-1811

印刷・製本　三松堂株式会社

撮　影　中島慶子（マガジンハウス）

青木和義（マガジンハウス）

三東サイ

ISBN 978-4-8387-3242-5　C0095